EXPEDITION **NATUR**

W0053891

Tierkinder

➲ Entdecken und Experimentieren
➲ Mit vielen Tipps für Junior-Forscher!

Martina Gorgas

Mit Illustrationen von Thomas Müller und Arno Kolb

moses.

Hallo, mein Name ist Finn! Ich liebe das Forschen und Entdecken in der Natur und möchte dich gerne mit auf meine Expedition nehmen. Weißt du, was eine Expedition ist? So nennt man einen Ausflug ins Freie, bei dem man eine Menge Nützliches und Verblüffendes über die Natur erfährt, zum Experten für Pflanzen und Tiere wird und eigene Nachforschungen anstellt.

Ob zu Hause oder in der freien Natur – jungen Katzen, Welpen, Füchsen oder Igeln kannst du stundenlang beim Spielen und Toben, Fressen und Trinken oder Schlafen zusehen. Es ist einfach spannend, mitzuerleben, wie sie allmählich die Welt erobern! Bestimmt kennst du schon fast alle Tiere, die in diesem Buch genannt sind. Aber weißt du auch schon, in welchem Lebensraum sie aufwachsen, was sie für Besonderheiten haben und vor allem in welcher Jahreszeit du die niedlichen Tierkinder am besten beobachten kannst?

Und nun viel Spaß bei unserer gemeinsamen Entdeckungsreise ins Reich der Tierkinder!

Finn's Tipp!

Wenn im Text ein schwieriges Wort auftaucht, das du nicht kennst, schau im Glossar nach (Seite 94). Dort ist es erklärt.

Inhalt

Tierkinder

Vorbereitungen für die Entdeckungstour

Wer wohnt in diesem Nest? Ist die trächtige Stute vom Bauernhof schon Mutter geworden? Wann entstehen Kaulquappen aus dem Froschlaich am Bachufer? Diese und andere spannende Fragen kannst du auf deiner Entdeckungstour beantworten. Wenn du Tierkinder in der Natur beobachten willst, denke immer daran, ausreichend Abstand zu ihnen zu halten. Denn du möchtest sie ja nicht in ihrem natürlichen Lebensraum stören oder ihnen unnötig Stress bereiten. Nimm deshalb auf deine Entdeckungstour immer ein gutes Fernglas mit. Dann kannst du auch aus der Ferne zusehen, wie zum Beispiel ein Rehkitz am Waldrand äst, Fuchswelpen vor dem Fuchsbau spielen oder junge Vögel hungrig ihren Schnabel aufreißen.

Tierkinder beobachten

Am besten kannst du Tierkinder im Frühjahr und Sommer beobachten. Häufig kommen die Jungen im Frühling zur Welt und lernen in den ersten Monaten alles, was sie später zum Überleben brauchen. Ihnen dabei zuzusehen, macht großen Spaß! Wie schnell die Tierkinder lernen, ist sehr unterschiedlich: Manche Tierkinder sind nach der Geburt blind und völlig hilflos und deshalb vollkommen auf ihre Eltern angewiesen. Diese Tierkinder nennt man „**Nesthocker**", weil sie meist längere Zeit nach der Geburt von den Eltern betreut werden. Andere Tierkinder sind schon früh selbstständig, verlassen das sichere Nest und kommen gut alleine zurecht. Man nennt sie deshalb „**Nestflüchter**".

Lebensraum der Tierkinder

Wie schnell sich Tierkinder entwickeln, hängt vor allem von ihren Lebensräumen ab, ob sie also im Wald, auf der Wiese oder im Wasser leben. Rehkitze können schon früh kurze Zeit ohne ihre Mutter bleiben, weil sie im Unterholz gut vor Feinden geschützt sind. Junge Fohlen müssen dagegen möglichst früh laufen lernen, damit sie in der Wildnis der Herde folgen können. Wenn Tiere in Gemeinschaft mit Menschen leben, greifen die Menschen oft in die Aufzucht der Tierkinder ein: Auf dem Bauernhof zieht der Bauer die Kälbchen mit der Milchflasche groß und gewöhnt das junge Fohlen an den Umgang mit Menschen. Haus- und Nutztiere wachsen häufig von klein auf mit ihren Besitzern auf, so werden zum Beispiel Kätzchen mit etwa drei Monaten in ihre Menschenfamilie gebracht.

Vorsicht beim Anfassen

Wild lebende Tierkinder fasst du am besten gar nicht an, sonst werden sie möglicherweise wegen des fremden Geruchs von ihrer Mutter verstoßen. Das gilt zum Beispiel für junge Füchse oder Igel. Andere Tierkinder, wie zum Beispiel Kätzchen und Hundewelpen, kannst du durchaus anfassen. Achte aber darauf, sie nicht zu verletzen. Manche Tierkinder können auch dich verletzen, stechen oder beißen, weil sie sich angegriffen fühlen.

Exkursion im und am Wasser

Willst du Tierkinder am Teich, in Bächen oder anderen Gewässern beobachten? Dann brauchst du eine kleine Grundausstattung: ein Paar Gummistiefel, einen Eimer, vielleicht ein paar Siebe oder einen Kescher (ein Fangnetz), um zum Beispiel Kaulquappen zu fangen. Nützlich ist auch eine Becherlupe, in der du winzige Tierchen fangen und in Ruhe betrachten kannst.

Vorsicht Sonne!

Wenn du Tierchen in einer Becherlupe oder in einem Eimer untersuchst, achte darauf, dass sich das Wasser und die darin befindlichen Tiere nicht zu sehr aufwärmen. An besonders heißen Sommertagen kann das schnell passieren! Stelle das Gefäß mit den kleinen Lebewesen deshalb immer in den Schatten. Denke daran, dass alle Tiere, die im Wasser leben, dieses Wasser unbedingt zum Atmen brauchen. Und lasse die Tiere schnell wieder frei, sie sollten nicht länger als etwa fünf Minuten gefangen bleiben.

Checkliste für Tierforscher

Das ist nützlich für eine Entdeckungstour bei Tierkindern:

- kleiner Rucksack mit Trinkflasche und Verpflegung
- Kescher (zum Fangen von Stichlingen oder Kaulquappen)
- durchsichtige Becherlupe (z. B. für Kaulquappen)
- Plastikdosen und Plastikbeutel (z. B. für das Gewölle eines Uhus)
- Fernglas (z. B. zum Beobachten von Rehkitzen, Jungfüchsen oder brütenden Vögeln)
- Notizbuch mit mehreren Stiften, um deine Beobachtungen aufzuschreiben und aufzumalen.
- dieses Buch, in dem du wichtige Informationen über Tierkinder findest.
- Verbandsmaterial wie Pflaster und Desinfektionsmittel
- eine Trillerpfeife, mit der du dich im Notfall bemerkbar machen kannst.

Spuren von Tierkindern

Nicht immer gelingt es dir, die Tierkinder selbst zu beobachten. Möglicherweise entdeckst du aber ihre Spuren? Das können Laufspuren im Waldboden, Sand oder Schnee sein oder auch Kotspuren. Seltener sind sogenannte Gewölle, das sind unverdauliche Speisereste, die von manchen Vögeln wieder ausgewürgt werden.

Wie lange dauert es von der Befruchtung bis zur Geburt?

Stichling:	5 Tage	Igel:	35 Tage	Schildkröte:	90 Tage
Marienkäfer:	7 Tage	Hase:	40 Tage	Frosch:	100 Tage
Meise:	14 Tage	Fuchs:	54 Tage	Schwein:	114 Tage
Regenwurm:	16 Tage	Hund:	63 Tage	Reh:	290 Tage
Hamster:	20 Tage	Katze:	65 Tage	Pferd:	336 Tage

Übrigens: Beim Menschen dauert es durchschnittlich 267 Tage von der Befruchtung bis zur Geburt!

Lebensraum Wald und Wiese

Fast die Hälfte von Deutschland besteht aus Wald, je nach Region gibt es Nadelwald, Laubwald oder Mischwald mit Nadel- und Laubbäumen. In diesen Wäldern finden Tausende von verschiedenen Tierarten ihren Lebensraum, geeignete Nistplätze und Brutstätten sowie ausreichend Nahrung für sich selbst und ihre Jungen. Ob Säugetiere, Insekten, Würmer oder Spinnen – sie alle gehören zum Ökosystem Wald und erfüllen in diesem empfindlichen System bestimmte Aufgaben. So ist der Fuchs eine Art Gesundheitspolizei im Wald. Manche Tiere, etwa das Reh, wohnen im Wald, gehen aber am Waldrand und auf Wiesen auf Futtersuche. Auch für uns Menschen sind Wälder sehr wichtig: Der Waldboden speichert und filtert das Regenwasser und sorgt so für einen funktionierenden Wasserkreislauf. Die Blätter und Nadeln der Bäume filtern den Feinstaub aus der Luft und geben ihn mit dem Regen in den Waldboden ab. Auf diese Weise sorgen sie für saubere Luft. Außerdem liefert der Wald den wichtigen Rohstoff Holz.

Finn's Tipp!

In Wald und Wiese unterwegs

Achte bei Entdeckungstouren in Wald und Wiese darauf, die dort lebenden Tiere nicht in ihrem natürlichen Lebensraum zu stören. Verhalte dich möglichst unauffällig und zeige Respekt vor der Natur und den Tieren. Klar, dass man auch keinen Müll hinterlässt und Pflanzen und Bäume nicht beschädigt.

Das Reh

Rehe sind in fast ganz Europa verbreitet. Sie gehören zur Familie der Hirsche, sind aber kleiner als ihre Verwandten. Ihr Fell ist im Sommer rot-braun, im Winter grau-braun. Das Männchen, der Rehbock, trägt ein Geweih. Bevorzugter Lebensraum des Rehs sind Wälder mit viel Unterholz, in das es sich tagsüber zurückzieht. In der Morgen- und Abenddämmerung verlassen Rehe den Wald und gehen auf Futtersuche.

Auf einen Blick

Fortpflanzung: 1-mal im Jahr
Tragezeit: ca. 290 Tage
Junge pro Wurf: 2 Kitze
Gewicht: 500–1500 g (Geburt), 15–20 kg (ausgewachsen)
Nahrung: Muttermilch, später Kräuter, Triebe, Blätter, Gräser, Eicheln
Typisch: Das junge Reh oder Kitz kommt mit rotbraunem Fell und weißen Punkten am Rücken und an den Flanken zur Welt.

„Blattzeit" im Hochsommer

Die Fortpflanzungszeit, auch „Blattzeit" genannt, beginnt Mitte Juli und dauert etwa vier Wochen. Sobald der Rehbock eine Ricke gefunden hat, treibt er sie oft stundenlang im Kreis durch Felder oder Wiesen. Auf den immer wieder gleichen Wegen tritt die Ricke das Korn oder Gras platt, dadurch entstehen sogenannte Kornkreise oder Hexenkreise. Irgendwann hört die Ricke auf zu laufen und es kommt zur Paarung. Das befruchtete Ei entwickelt sich aber erst ab Dezember, sodass die jungen Kitze schließlich im Frühjahr des nächsten Jahres zur Welt kommen. Das hat den Vorteil, dass sie nicht den kalten Wintertemperaturen ausgesetzt sind.

SCHON GEWUSST?

Lebensweise des Rehs

Im Sommer leben Rehe meist einzeln. Vor allem Rehböcke verteidigen ihr Revier gegen andere Männchen. Nur Ricken mit oder ohne Kitz dürfen es betreten. Im Winter tun sich Rehe zu größeren Rudeln zusammen.

Früh auf sich allein gestellt

Im Frühjahr bringt die Ricke ihre Jungen, meist zwei Kitze, zur Welt. Dafür sucht sie einen sicheren Ort im Unterholz, wo sie die Tierkinder gefahrlos ablegen kann. Denn schon in den ersten Lebenstagen kommt sie nur zum Säugen zu ihren Kitzen und lässt sie ansonsten für viele Stunden allein. Um sich vor Feinden zu schützen, drücken sich die Jungtiere dann möglichst lautlos auf den Boden und warten auf die Rückkehr der Mutter. Denn erst mit zwei bis vier Wochen können sie bei Gefahr schnell weglaufen. In diesem Alter fangen sie auch an, mit der Mutter auf Nahrungssuche zu gehen. Gesäugt werden die Jungtiere aber weiterhin. Sie bleiben bis zum nächsten Frühjahr bei der Mutter, dann suchen sie sich ein eigenes Revier.

SCHON GEWUSST?

Nachwachsendes Geweih

Das männliche Reh trägt ein Geweih, das man auch als Gehörn bezeichnet. Das Geweih ist bis zu 30 Zentimeter lang und wiegt zwischen 100 und 500 Gramm. Es wird jedes Jahr im Spätherbst abgeworfen, wächst aber gleich wieder nach.

Finn's Tipp!

Rehe beobachten

Um Rehe zu beobachten, mach dich möglichst in der Abenddämmerung auf den Weg. Ideal sind Wiesen und Felder am Waldrand, wo die Rehe zum Fressen hinkommen. Da Rehe sehr scheu sind, empfiehlt sich ausreichend Abstand. Und nimm ein Fernglas mit, damit du dir die Tiere aus der Nähe ansehen kannst.

Der Fuchs

Die häufigste Fuchsart ist der Rotfuchs. Er lebt in Wäldern und Wiesen, auf Feldern und sogar in Städten. Füchse sind Raubtiere, ihre bevorzugte Beute sind Mäuse. Außerdem fressen sie Aas, Früchte und Essensreste von Menschen. Einen Leckerbissen findet der Fuchs in feuchten Nächten: Dann stecken Regenwürmer ihren Kopf aus der Erde. Der Fuchs greift sie mit den Zähnen und zieht sie vorsichtig heraus.

Auf einen Blick

Fortpflanzung: 1-mal im Jahr
Tragezeit: 53–54 Tage
Junge pro Wurf: 4–6 Jungtiere
Gewicht: 80–160 g (bei der Geburt), 6–10 kg (ausgewachsen)
Nahrung: Muttermilch, später Mäuse, Würmer, Aas, Früchte
Typisch: Das Fell der Jungfüchse ist anfangs graubraun, es nimmt erst nach und nach die typische rötliche Färbung an.

Familiengründung

Im Januar geht der Rüde auf Brautsuche. Dafür stößt er besondere Rufe aus, markiert sein Revier mit Urin und verteidigt es gegen andere Rüden. Dann paart er sich mit einer Fähe. Sobald sie trächtig ist, „geht sie dick", wie man in der Fachsprache sagt. Im März oder April bringt das Weibchen im sicheren Fuchsbau mehrere Jungfüchse zur Welt. Die Neugeborenen sind blind und behaart, nach 12 bis 14 Tagen öffnen sie ihre Augen. Die ersten zwei bis drei Wochen säugt die Fähe ihre Jungen, zwischen denen sich rasch eine Rangordnung bildet: Der kräftigste Jungfuchs drängelt sich vor und darf zuerst trinken. Weil die Mutter immer bei ihren Jungen ist, versorgt der Rüde seine Familie mit Nahrung.

> **SCHON GEWUSST?**
>
> ### Der Fuchsbau
>
> Die meiste Zeit des Tages verbringt der Fuchs in seinem Fuchsbau unter der Erde. Meist baut er diese unterirdische Höhle mit mehreren Ein- und Ausgängen selbst. Manchmal übernimmt er auch den verlassenen Bau eines Dachses oder Kaninchens, hin und wieder teilen sie sich den Bau sogar.

Verspielte Fuchswelpen

Mit etwa vier Wochen verlassen die Jungfüchse zum ersten Mal den sicheren Bau und erkunden tapsig die Welt. Die Fähe beobachtet sie aufmerksam und sobald sich eines zu weit entfernt, bellt sie scharf.

Doch die neugierigen Jungfüchse folgen ihrer Ermahnung nicht immer. Dann packt die Fähe ihre Jungen und trägt sie zurück in den Bau. Das muss sie immer öfter machen, denn die Jungen werden zunehmend mutiger! Die Jungfüchse wachsen rasch: Mit sechs Wochen wiegen sie über ein Kilogramm, mit vier Monaten schon über drei Kilogramm. Sobald ihre Jungen sieben bis acht Wochen alt sind, jagt die Mutter wieder selbst. Während ihrer Abwesenheit hat der Vater ein Auge auf die Jungen. Wenn die Füchsin zurückkommt, würgt sie ihre halb verdaute Beute aus, die von den Jungen gerne angenommen wird. Erst nach und nach fressen sie auch frische Beute.

Weg in die Selbstständigkeit

Mit neun bis zehn Wochen verlassen die Jungfüchse den Fuchsbau endgültig und beginnen im Freien zu leben. Jetzt begleiten sie auch ihre Eltern bei der Jagd. Die Jungfüchse lernen rasch alles, was sie zum Überleben in der Natur brauchen. Im Herbst löst sich die Fuchsfamilie allmählich auf, die Jungen sind jetzt selbstständig. Vor allem die jungen Rüden gehen eigene Wege, während die jungen Fähen öfter bei den Eltern bleiben und später bei der Aufzucht der nächsten Jungfüchse mithelfen.

> **SCHON GEWUSST?**
>
> **Typischer Mäusesprung**
>
> Bei der Jagd auf Mäuse wendet der Fuchs eine besondere Technik an: den „Mäusesprung". Sobald er ein Mauseloch ausgemacht hat, legt er seinen Kopf auf den Boden und horcht nach der Maus. Er gräbt sie aus oder wartet, bis sie von selbst das Mauseloch verlässt. Dann springt er fast senkrecht in die Luft, um die Maus von oben mit den Pfoten zu packen. Er tötet sie mit einem Biss und frisst sie vollständig auf.

Fuchs als Gesundheitspolizist

Füchse nehmen in der Tierwelt eine wichtige Rolle ein. Sie sind Allesfresser und sorgen dafür, dass sich bestimmte Tierarten nicht zu stark vermehren und das natürliche Gleichgewicht erhalten bleibt, indem sie beispielsweise kranke Tiere fressen. Manche Beutetiere, z.B. den Feldhasen, erwischt der Fuchs nur, wenn der Hase krank oder schwach ist. Ein gesunder, ausgewachsener Feldhase bemerkt den Fuchs meist rechtzeitig und flüchtet. Dabei kann der Feldhase bis zu 80 Stundenkilometer erreichen – der Fuchs schafft nur etwa 50 Stundenkilometer! Manchmal erbeutet der Fuchs auch einen jungen Hasen, der nicht schnell genug flüchtet. Weil der Fuchs auch Aas, also tote Tiere, frisst, verhindert er, dass sich Krankheiten ausbreiten. Wenn der Fuchs zu viel Beute gemacht hat und keinen Hunger mehr hat, versteckt er die Reste. Dafür gräbt er ein Loch in den Boden, legt die Beutereste hinein und deckt das Loch wieder mit Erde und Blättern zu. Durch seine gute Nase findet er das Versteck jederzeit wieder.

SCHON GEWUSST?

Feldmäuse satt

Das wichtigste Beutetier des Rotfuchses ist die Feldmaus – sie ist weit verbreitet und Tag und Nacht unterwegs. Um seinen Hunger zu stillen, muss der Fuchs ganz schön fleißig sein: Ein ausgewachsener Rotfuchs braucht am Tag zwischen 15 und 20 Feldmäuse, bis er satt ist!

Finn's Tipp!

Spuren des Fuchses

Hast du schon einmal auf einem Feld oder einer Lichtung Spuren von einem Fuchs entdeckt? Am leichtesten zu erkennen sind Trittspuren im Schnee oder auf der Erde. Manchmal findet man auch einen frischen Kothaufen oder eine Urinspur an einem Baumstamm. Mit etwas Glück findest du die Reste eines Beutetiers, wie zum Beispiel Federn. Sobald du irgendwelche Spuren ausgemacht hast, hast du auch gute Chancen, an diesem Ort den Fuchs selbst zu sehen. Denn Füchse sind Gewohnheitstiere und gehen jeden Tag die gleiche Strecke, um ihr Revier abzustecken.

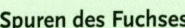

Psst, schön leise sein!

Füchse gehen am liebsten in der Dämmerung auf Streifzug. Das ist auch die ideale Zeit, um sie zu beobachten. Suche dir noch bei Tageslicht ein gutes Versteck, am besten einen Busch oder Baum. Achte darauf, dass deine Kleidung nicht raschelt. Denn Füchse haben ausgezeichnete Ohren! Setze dich still hin und halte mit dem Fernglas Ausschau. Wenn du einen Fuchs siehst, merke dir, woher er gekommen ist und wohin er geht. Vielleicht kannst du ihm am nächsten Tag auf seinem Weg folgen und entdeckst seinen Fuchsbau. Mit etwas Glück gelingt es dir, jungen Füchsen beim Spielen zuzuschauen – ein tolles Erlebnis!

SCHON GEWUSST?

Füchse mögen kein Parfum

Füchse hören nicht nur ausgezeichnet, sie haben auch eine sehr feine Nase. Ihr Geruchssinn ist 400-mal besser als der von uns Menschen! Wenn du auf Fuchsbeobachtungstour gehst, dusche vorher ohne Seife oder Duschgel. Denn diesen Geruch würde der Fuchs sofort aufnehmen und davonlaufen.

Der Hase

Hasen werden oft mit Kaninchen verwechselt, du kannst sie aber leicht unterscheiden: Der Feldhase ist viel größer und schwerer und hat längere Beine und Ohren. Anders als das Kaninchen legt er keinen Bau unter der Erde an, sondern lebt ausschließlich oberirdisch. Am liebsten mag der Feldhase üppige Wiesen mit Gras und Büschen. Dort findet er viele Süßgräser und Kräuter. Auf Äckern macht er sich gerne über junges Getreide und Raps her. In waldreichen Gebieten sind Feldhasen eher selten.

Auf einen Blick

Fortpflanzung: 2- bis 5-mal im Jahr
Tragezeit: etwa 40 Tage
Junge pro Wurf: 1–5 Jungtiere
Gewicht: 80–180 g (bei der Geburt), bis 6 kg (ausgewachsen)
Nahrung: Muttermilch, später Gräser, Kräuter
Typisch: Feldhasen kommen mit Fell und offenen Augen zur Welt.

Boxkämpfe um das Weibchen

Feldhasen sind Einzelgänger. Deshalb kommen Weibchen und Männchen nur kurz zur Paarung zusammen. Auf der Suche nach einem paarungsbereiten Weibchen muss sich der männliche Feldhase gegen andere Konkurrenten durchsetzen. Dabei kommt es zu regelrechten Boxkämpfen zwischen den Hasenmännchen: Sie stellen sich auf die Hinterläufe und schlagen mit den Vorderpfoten aufeinander ein. Der Sieger darf sich dann mit dem Weibchen paaren.

Finn's  Tipp!

Wilde Hasenjagd in der Paarungszeit

Feldhasen kannst du am besten zur Paarungszeit im Spätwinter und Frühjahr beobachten. Dann sind die Tiere auch tagsüber unterwegs, während sie sonst erst bei Dämmerung aktiv werden. Die Hasenmännchen liefern sich auf freiem Feld wilde Verfolgungsjagden und balgen um die Weibchen. Besonders gut lassen sie sich von einem Hochsitz aus beobachten. Vielleicht darfst du ihn nach Absprache mit dem Förster oder Jäger benutzen?

Viele Nachkommen

Am Ende der 40-tägigen Tragezeit gräbt die Häsin auf einem Feld eine kleine Mulde, die sogenannte Sasse. In dieser Sasse bringt sie ihre Jungen zur Welt. Die neugeborenen Feldhasen sind gut entwickelt: Sie haben ein dichtes Fell und können gleich am ersten Tag sehen und kriechen.

SCHON GEWUSST?

Rammler und Häsin

Der männliche Feldhase heißt Rammler, das Weibchen Häsin oder Setzhase und das Jungtier Häschen.

SCHON GEWUSST?

Hohe Geburtenrate

Feldhasen gehören zu den Säugetieren, die oft und viele Junge werfen. Das ist wichtig, weil die meisten Junghasen das erste Jahr nicht überleben – sie werden von Füchsen, Mardern und Greifvögeln erbeutet oder fallen dem kalten, nassen Wetter zum Opfer.

Frühe Selbstständigkeit

Gleich nach der Geburt suchen die Neugeborenen die Zitzen ihrer Mutter und trinken gierig. Die Milch der Feldhäsin ist sehr energie-reich und viel fetter als bei anderen Säugetieren. Bereits nach dem ersten Säugen lässt die Häsin ihre Jungen alleine und kommt ab jetzt nur noch einmal am Tag zu ihnen, um sie zu versorgen. Die jungen Feldhasen trinken zwei bis vier Wochen lang Muttermilch, beginnen aber schon mit etwa zehn Tagen zusätzlich Kräuter und Gräser zu fressen. Die Junghasen sind recht unternehmungslustig, erkunden die Umgebung und treffen sich nur noch zum Säugen. Die Kindheit der Feldhasen ist kurz: Mit fünf bis sieben Monaten sind sie geschlechtsreif und können sich fortpflanzen.

SCHON GEWUSST?

Hasen sind Nestflüchter

Tiere, die so früh selbstständig werden wie die jungen Feldhäs-chen, nennt man „Nestflüchter".

„Löffel" und „Haken"

Du erkennst den Feldhasen an seinen 10 bis 15 Zentimeter langen, schwarz umrandeten Ohren, auch „Löffel" genannt, den großen, bern-steinfarbenen Augen und den langen Hinterbeinen. Auf der Flucht vor Füchsen oder anderen Feinden kann der Feldhase bis zu vier Meter weit springen! Zwischen den Sprüngen wechselt er immer wieder die Richtung und schlägt „Haken".

Finn's Tipp!

Hoppelspur im Schnee

Wenn Schnee liegt, findest du die typische Hoppelspur des Feldhasen ganz leicht. Du kannst sogar herausfinden, ob er schnell oder langsam unterwegs war: Beim schnellen Hoppeln setzt der Feldhase die Vorderfüße hintereinander und die Hinterfüße kurz vor den Vorderfüßen nebeneinander. Wenn er langsam hoppelt, siehst du die Abdrücke von Vorder- und Hinterfüßen nebeneinander.

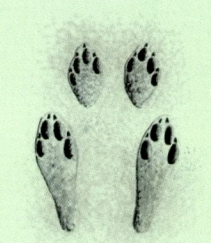

Spur eines langsam hoppelnden Hasen

Spur eines schnell hoppelnden Hasen

Die Fledermaus

Vielen Menschen sind Fledermäuse etwas unheimlich, sie denken bei diesen Tieren an Blutsauger und Graf Dracula. Dabei sind Fledermäuse völlig harmlos und ihr größter Feind ist sogar der Mensch. Weltweit gibt es über 900 Fledermausarten, in Mitteleuropa sind etwa 25 Arten heimisch. Fledermäuse und ihre Verwandten, die Flughunde, sind die einzigen Säugetiere, die fliegen können. Anders als Vögel haben sie aber keine Flügel, sondern eine Flughaut, die sie durch Ausbreiten der Arme und Beine ausspannen und wieder zusammenlegen können.

Auf einen Blick

Fortpflanzung: 1-mal im Jahr
Tragezeit: 50–70 Tage
Junge pro Wurf: 1, selten 2 Jungtiere
Gewicht: Kleine Hufeisennase: 1,8 g (bei der Geburt), 4–10 g (ausgewachsen)
Nahrung: Muttermilch, später Insekten wie Mücken, Schnaken, Käfer, Nachtfalter
Typisch: Tagsüber schlafen Fledermäuse Kopfüber mit festgekrallten Beinen.

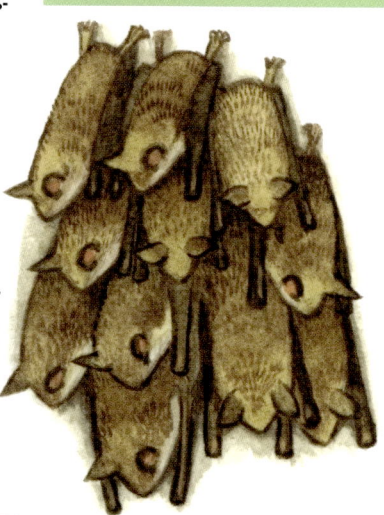

Wochenstuben für Mutter und Junge

Die Paarungszeit der Fledermaus ist im Herbst. Doch erst im Frühsommer nach dem Winterschlaf kommen die Jungen zur Welt. Vor der Geburt tun sich mehrere Weibchen zu sogenannten Wochenstuben zusammen. Sie suchen sich einen Unterschlupf, zum Beispiel im Dachgebälk, wo sie gemeinsam ihre Jungen zur Welt bringen und aufziehen. So können die Weibchen schon bald wieder auf die Jagd gehen, denn ihre Jungen werden währenddessen von anderen Weibchen gewärmt und versorgt. Das ist wichtig, denn neugeborene Fledermäuse sind blind, nackt und völlig hilflos. Die Babys der Kleinen Hufeisennase sind sogar so winzig, dass sie zu zweit in einen Fingerhut passen!

Fledermauskinder werden erwachsen

In den ersten Wochen ernähren sich die Fledermausjungen nur von Muttermilch. Wenn sie sich an den Zitzen der Mutter festsaugen, können sie sogar bei ihr mitfliegen. Nach vier bis sechs Wochen sind die kleinen Fledermäuse kräftig genug, um selbst fliegen zu lernen. Auf zahlreichen Streifzügen erlernen sie von der Mutter das Insektenjagen und alles, was sie zum Überleben brauchen. Mit etwa acht Wochen sind Fledermäuse selbstständig und verlassen die Wochenstube.

Schönwetterflieger

Die meisten Fledermäuse lieben gutes Wetter. Dann fliegen sie in der Dämmerung aus und gehen auf Nahrungssuche. Wenn es heftig regnet, sehr windig oder empfindlich kalt ist, machen sie oft nur kurze Flüge und kehren gleich wieder in ihr Ruhequartier zurück. Wenn du diese Vorlieben kennst, gelingt es dir bestimmt, Fledermäuse in der Natur zu beobachten.

Ohren zum Sehen

Fledermäuse sind nur in der Dämmerung oder nachts unterwegs. Um sich im Dunkeln zurechtzufinden, verfügen sie über eine besondere Technik. Sie benutzen zur Orientierung nicht ihre Augen – die sind ziemlich schlecht –, sondern ihre Ohren. Wie das geht? Beim Fliegen stoßen die Fledermäuse kleine, für Menschen nicht hörbare Schreie aus. Dabei entstehen Ultraschallwellen, die an Bäumen, Hausmauern und anderen Dingen in der Nähe auftreten und wieder zurückschallen. Die Fledermaus fängt diese Wellen mit ihren Ohren auf und kann sich dadurch gut orientieren - sie sieht sozusagen mit den Ohren! Diese spezielle Technik nennt man „Ultraschall-Echolotsystem".

SCHON GEWUSST?

Sommerresidenz und Winterquartier

Im Herbst fressen sich Fledermäuse einen großen Fettvorrat an, damit sie gut über den Winter kommen. Denn wenn es kalt wird, sind kaum mehr Insekten unterwegs und die Fledermäuse finden nicht genug Nahrung. Deshalb halten sie in diesen Monaten Winterschlaf, in einer Höhle, einem Bergwerk oder Dachstuhl. Während des Winterschlafs sinkt ihre Körpertemperatur auf wenige Grad über Null ab. Zwischen Mitte März und Anfang April wachen die Fledermäuse wieder auf und machen sich auf den Weg in ihr Sommerquartier – das kann je nach Art bis zu 1.000 Kilometer entfernt sein! Dort angekommen bilden die Weibchen ihre Wochenstuben, die Männchen dagegen sogenannte Männerquartiere.

Mit der Taschenlampe unterwegs

Finn's Tipp!

In der Dämmerung kannst du Fledermäuse noch mit dem Rest-licht des Tages ausmachen. Wenn es dunkler wird, hilft dir eine starke Taschenlampe beim Aufspüren und Beobachten dieser spannenden Flugtiere. Beliebte Jagdgebiete von Fledermäusen sind Gewässer in Waldnähe, weil sie dort besonders viele Insek-ten finden. Auch am Waldrand oder an einzeln stehenden Bäu-men jagen Fledermäuse gerne. Manchmal sieht man die kleinen Flugtiere sogar in der Stadt oder in Wohngebieten im Schein von Straßenlaternen umherflattern.

SCHON GEWUSST?

Fleder-Maus

Wir nennen die Fledermaus „Maus", weil sie fast immer einen grauen Pelz und oft die Größe einer Maus hat. „Fleder" drückt aus, dass sie nicht wie ein Vogel fliegt, sondern flattert, schwebt und in der Luft gleitet.

Der Kuckuck

Der Kuckuck

Der Kuckuck ist eine der bekanntesten Vogelarten, auch wenn man ihn nur selten zu sehen bekommt. Bestimmt kennst du das Lied vom Kuckuck oder hast schon ein Gedicht über diesen Vogel gehört. Weißt du auch, was das Besondere am Kuckuck ist? Männchen und Weibchen sind nur für einen Tag ein Paar. Dann legt das Weibchen seine Eier ab – aber nicht in das eigene Nest, sondern in die Nester anderer Vögel.

Auf einen Blick

Fortpflanzung: 1-mal im Jahr
Anzahl der Eier: ungefähr 20 Eier
Brutzeit: ungefähr 12 Tage
Gewicht: 110–130 g (ausgewachsen)
Nahrung: Raupen, Heuschrecken, Fliegen, Käfer
Typisch: Der Kuckuck frisst gerne behaarte Raupen, die andere Vögel nicht mögen. So muss er keine Konkurrenz bei der Futtersuche fürchten.

Zugvogel Kuckuck

Der Kuckuck ist wie viele andere Vögel ein Zugvogel. Er fliegt im Herbst nach Afrika, wo er den Winter verbringt. Das ist von der Natur klug eingerichtet: In Europa würde er wegen Kälte, Eis und Schnee nicht genügend Nahrung finden, um zu überleben. Jedes Jahr im Frühling kommt der Kuckuck zurück nach Europa, um sich hier zu paaren. Für diesen weiten Flug hat er sich gute Fettreserven zugelegt. Sein Ziel ist immer das gleiche Brutgebiet, das er Jahr für Jahr aufsucht. Das kann in der Heide, im Moor oder in einer Hügellandschaft mit Wiesen und Äckern liegen, seltener im Hochgebirge.

SCHON GEWUSST?

Langstreckenflieger

Auf seiner Reise von und nach Afrika fliegt der Kuckuck zwischen 8.000 und 12.000 Kilometer! Dabei ist er meist alleine und nachts unterwegs.

Pflegeeltern gesucht

Nach der Paarung legt das Kuckucksweibchen bis zu 20 Eier. Das dauert ziemlich lange, denn es legt jedes Ei einzeln und in ein anderes, fremdes Nest. Das Weibchen nimmt nicht irgendwelche Vogelnester, sondern ist auf einen bestimmten Vogel geprägt. Diese Vögel werden „Wirtsvögel" genannt. Solche Wirtsvögel können Teichrohrsänger, Wasserpieper, Rotkehlchen, Bachstelzen oder der winzige Zaunkönig sein. Um das Ei abzulegen, braucht das Weibchen Geduld: Es muss darauf warten, dass der brütende Vogel sein Nest für kurze Zeit verlässt. Dann legt es schnell sein Ei hinein und frisst sofort eines der fremden Eier, damit der Nestbesitzer den Schwindel nicht bemerkt. Das klappt nicht immer, denn das Kuckucksei ist oft größer als die anderen Eier. Die meisten Wirtsvögel erkennen das falsche Kuckucksei und werfen es aus dem Nest, andere lassen sich täuschen und brüten es zusammen mit ihren Eiern aus.

SCHON GEWUSST?

Geschickt im Nachahmen

Damit der Wirtsvogel das fremde Kuckucksei annimmt, passt sich das Kuckucksei in seinem Aussehen diesen fremden Eiern an. Bekannt sind 16 verschiedene Arten von Kuckuckseiern – wobei jedes Kuckucksweibchen immer nur eine bestimmte Art von Eiern legt.

Wer zuerst schlüpft ...

Schon nach 12 Tagen Brutzeit schlüpft der junge Kuckuck, meist früher als die Jungen der Wirtsvögel. Die haben jetzt keine Chance mehr: Der noch blinde und nackte Winzling schiebt die anderen Eier mit seinem Rücken an der Nestwand hoch und wirft sie mit ruckartigen Bewegungen aus dem Nest. Selbst wenn die anderen Jungvögel bereits geschlüpft sind, gelingt es dem größeren und kräftigeren Kuckuck, sie aus dem Nest zu verdrängen. Dann hat er sein Ziel erreicht: Er ist Herr im Nest und bekommt das ganze Futter alleine!

SCHON GEWUSST?

Nestschmarotzer Kuckuck

Weil der Kuckuck seine Eier in fremde Nester legt und sich nicht selbst um seine Jungen kümmert, nennt man ihn „Nestschmarotzer".

Gefräßiger Riese

Der junge Kuckuck ist sehr gefräßig und bettelt mit weit aufgesperrtem, rotem Rachen um Nahrung. Das löst bei seinen Pflegeeltern einen starken Futtertrieb aus: Sie sind den ganzen Tag damit beschäftigt, genug Insekten und anderes Futter heranzuschaffen. Kein Wunder, dass der junge Kuckuck sehr schnell wächst und bereits nach etwa drei Wochen das Nest verlässt. Doch auch dann lässt er sich, auf Zaunpfählen und Büschen sitzend, weitere drei Wochen durchfüttern. Manchmal setzt sich der Wirtsvogel dafür auf den Kopf des jungen Kuckucks, um ihm das Futter besser in den Rachen stopfen zu können. Bald wächst der Jungkuckuck seinen Ernährern über den Kopf, was diese aber nicht stört. Erst im Hochsommer verlässt der junge Kuckuck seine Wirtseltern. Dann macht er sich gut genährt auf den Weg nach Afrika, wo er ganz alleine das für ihn ideale Winterquartier findet, in dem er bis zum nächsten Frühling bleibt.

Finn's Tipp!

Vogelbeobachtung für Fortgeschrittene

Der Kuckuck ist ein scheuer Vogel und meidet die Nähe des Menschen. Man kann ihn meist leichter hören als sehen. Denn er versteckt sich in dichten Laubbäumen, wo ihn sein unauffälliges Gefieder sehr gut zwischen den Blättern tarnt. Beim Fliegen wird er oft mit dem Sperber verwechselt, der ebenfalls einen quergestreiften Bauch hat. Typisch für den Kuckuck sind die spitzen Flügel sowie der lange Schwanz und Schnabel. Doch während der Balzzeit zwischen April und Juni macht der Kuckuck durch sein lautes Rufen auf sich aufmerksam. Mit dem weit hörbaren Ruf „Kuck-kuck" lockt er ein Weibchen an, das ihm mit schnellem Trillern antwortet.

SCHON GEWUSST?

Spricht der Kuckuck Französisch?

Nicht nur bei uns heißt der Kuckuck so wie er ruft, auch in den meisten anderen Sprachen verdankt er seinem Rufen seinen Namen. Doch obwohl der Kuckuck immer gleich ruft, wird sein Ruf je nach Sprache unterschiedlich wahrgenommen und bezeichnet. Die Franzosen nennen den Kuckuck „Coucou", in Holland sagt man „Koekkoek", in England „Kuckoo" und in Japan heißt der Vogel „Kakko".

Der Uhu

Der Uhu ist die größte Eulenart und sogar größer als der Raubvogel Bussard. Besonders auffällig sind seine leuchtend gelb-orange-farbenen Augen und seine Feder-Ohren, die aber gar keine Ohren sind. Die richtigen Ohren sind einfache Öffnungen dahinter. Das Gefieder des Uhus kann grau bis gelblich-braun sein. So ist er kaum zu sehen, wenn er sich tagsüber in einem Baum ausruht. Denn Uhus sind nachtaktive Vögel, die erst mit Einsetzen der Dämmerung auf die Jagd gehen.

Auf einen Blick

Fortpflanzung: 1-mal im Jahr
Anzahl der Eier: 2-3 Eier
Brutzeit: etwa 35 Tage
Gewicht: 37-56 g (bei der Geburt), 2-3 kg (ausgewachsen)
Nahrung: Mäuse, Kaninchen, Vögel, Frösche, Käfer
Typisch: Das Weibchen des Uhus ist deutlich schwerer als das Männchen.

Uhu-Kinderstube

Nach der Paarung bleiben Uhumännchen und Uhuweibchen zusammen. Solange das Weibchen seine Eier ausbrütet, wird es vom Männchen mit Nahrung versorgt. Die Jungen kommen mit geschlossenen Augen und weißlichem Daunenkleid auf die Welt. Mit ungefähr einer Woche bekommen sie das dunklere Gefieder des erwachsenen Uhus. Das Uhupaar teilt sich jetzt die Arbeit: Das Weibchen passt auf die Jungen auf, das Männchen geht auf Beutezüge für die Familie. In der ersten Zeit zerteilt die Mutter die Beutetiere für die Jungen in schnabelgerechte Happen, später verschlingen die Junguhus auch ganze Tiere.

Alte Greifvogelnester

Am liebsten brütet der Uhu in Felsen oder Steinbrüchen, wo er vor Wind und Regen geschützt ist. Manchmal entdeckt er das Nest eines Greifvogels, das nicht mehr genutzt wird, und legt seine weißen Eier hinein. Findet er keinen geeigneten Felsen, dann scharrt er eine Mulde in den Boden und baut sich so eine Art Nest. Anders als die meisten Vögel verwendet der Uhu kein Nistmaterial. Wenn du zufällig ein Uhunest entdeckst, fasse es auf keinen Fall an. Der menschliche Geruch würde den Uhu von seinem Brutplatz vertreiben, den er sonst oft jahrelang benutzt.

Junge Uhus werden flügge

Mit vier bis fünf Wochen verlassen die jungen Uhus zum ersten Mal das schützende Nest und klettern im Felsen oder im Baum umher. Jetzt lernen die Vogelkinder das Fliegen, das sie aber erst mit etwa zehn Wochen gut beherrschen. Solange müssen die Eltern gut auf ihre Kinder aufpassen, um sie vor Feinden wie Greifvögeln zu schützen. Insgesamt werden die Jungen fünf bis sechs Monate von den Eltern versorgt, bis sie selbstständig sind und sich ein eigenes Revier suchen.

Typische Rufe

Der Uhu verdankt seinen Namen seinem weit hörbaren Ruf:
Mit einem dumpfen „Buhoo" lockt das Männchen das Weibchen
an, das mit dem helleren „Uhju" antwortet. Bei Gefahr stößt der
Uhu ein lautes „Gräck" aus. Auch die Jungen kennen bereits verschiedene Laute, mit denen sie um Futter betteln. Im Nest rufen
sie noch recht leise „Chnää". Später, wenn sie auf Ästen sitzen,
machen sie mit zischendem „Chau" oder „Chtscht" lautstark auf
sich aufmerksam.

Speiballen des Uhus

Die Speisekarte des Uhus ist lang: Er jagt so ziemlich alles, was er
in seiner Umgebung findet. Bevorzugte Beutetiere sind Mäuse und
Ratten, Krähen und Kaninchen. Der Uhu verschlingt seine Beute im
Ganzen, ohne Rücksicht auf Haare, Knochen und Federn. Nach jeder
Mahlzeit würgt er diese nicht verdaulichen Teile wieder aus. Sie sehen
noch genauso aus wie beim lebenden Tier, lassen also gut erkennen,
welche Beute er gemacht hat. Man nennt diese Ballen „Gewölle". Vielleicht entdeckst du bei deinem nächsten Ausflug ein solches Gewölle?
Meist würgt es der Uhu in der Nähe seines Schlafplatzes aus. Typische
Fundorte sind unterhalb von Steinbrüchen oder an Waldlichtungen in
der Nähe von Felsen.

Finn's Tipp!

Gewölle untersuchen

Du hast ein Gewölle gefunden, das von einem Uhu stammen könnte? Packe es vorsichtig ein und bringe es nach Hause. Dort weichst du es in Wasser ein und kannst wenig später seine einzelnen Bestandteile mit der Pinzette herausziehen. Welche Speisereste erkennst du? Viele Gewölle enthalten winzige Knochen von Mäusen oder anderen kleinen Säugetieren. Schau dir diese Knochen näher an. Es gibt verschiedene Arten: Schädelknochen, Kieferknochen mit Zähnen, Wirbel, Rippen und andere. Wenn du magst, kannst du sie auf Pappe kleben oder in einer Schachtel aufbewahren.

SCHON GEWUSST?

Andere Gewölle

Auch Greifvögel wie Falken und Bussarde und manche andere Vögel wie Möwen und Krähen speien die unverdaulichen Reste ihrer Beute wieder aus. Doch anders als der Uhu verdauen diese Vögel ihre Nahrung besser, sodass die Reste nicht mehr gut zu erkennen sind.

Der Schmetterling

Einer der häufigsten einheimischen Schmetterlinge ist der Kohlweißling mit seinen weißen und hellgelben Flügeln. Du erkennst ihn auch an den schwarzen Spitzen der Vorderflügel. Beim Weibchen haben die Vorderflügel zwei schwarze Punkte, beim Männchen einen. Wie bei allen Schmetterlingen sind sein Körper und seine Flügel mit winzigen Schuppen bedeckt.

Auf einen Blick

Fortpflanzung: 2- bis 3-mal im Jahr
Anzahl der Eier: 50-100 Eier
Entwicklungszeit: etwa 30 Tage
Größe: bis 2,5 cm (Raupe), 4-5 cm (Schmetterling)
Nahrung: Nektar, Pflanzensäfte und Blätter
Typisch: Der Kohlweißling ist ein Tagfalter. Er ist tagsüber aktiv.

SCHON GEWUSST?

Entwicklung zum Schmetterling

Wie alle Schmetterlinge durchläuft der Kohlweißling mehrere Entwicklungsphasen, in denen er ganz unterschiedlich aussieht. Nach ungefähr 30 Tagen ist er ein „fertiger" Schmetterling.

Eiablage auf Pflanzen

Um sich fortzupflanzen, legen Kohlweißlinge ihre Eier auf bestimmten Pflanzen ab. Durch chemische Stoffe, die diese Pflanzen absondern, findet der Schmetterling die richtigen Arten. Diese Pflanzen werden nämlich später von den Raupen des Kohlweißlings gefressen. Man nennt sie deshalb auch „Fresspflanzen". Die Fresspflanzen des Kohlweißlings sind Kohlpflanzen und verwandte Gemüsearten. Dieser Vorliebe verdankt der Schmetterling seinen Namen.

Gefräßige Raupe

Der Kohlweißling legt seine weißen Eier auf der von ihm ausgewählten Fresspflanze ab, meist mehrere Eier auf einem Blatt. Die winzigen spindelförmigen Eier haben eine harte Schale, die an einer Stelle etwas schwächer ist, damit die Larve später leichter ihren Weg nach draußen findet. Nach etwa sieben Tagen ist es so weit: Die winzige Larve knackt das Ei und schlüpft heraus. Sie sieht aus wie ein kleiner Wurm – sie hat keine Flügel, keine Augen und nur eines im Kopf: fressen!

Finn's Tipp!

Lieblingsfarben

Auch Schmetterlinge haben Lieblingsfarben: Tagfalter wie der Kohlweißling bevorzugen Blüten in den Farben Orange, Rot, Gelb, Violett und Pink. Diese Farben locken die Schmetterlinge an und zeigen ihnen den Weg zum Nektar, ihrer Nahrung. Gleichzeitig dienen die kräftigen Farben als Tarnung – die oft farbenfrohen Tagfalter sind darauf kaum zu sehen. Nachtfalter, umgangssprachlich „Motte" genannt, suchen oft weiße Blüten auf, weil diese in der Dämmerung gut zu erkennen sind.

SCHON GEWUSST?

Gemüseschädlinge

Die Raupen des Kohlweißlings sind beim Gemüsebauern nicht gerade beliebt. Denn diese Vielfraße machen sich nicht nur über die Blätter der Kohl- pflanzen her, sondern arbeiten sich bis in den Kohlkopf durch.

Von der Raupe zum Schmetterling

Wenn die Raupe geschlüpft ist, frisst sie zuerst die Reste ihres Eis, dann macht sie sich an die Blätter der Pflanze. Weil die Raupe so gefräßig ist, wird sie schnell größer und dicker. Ihr grüner Körper ist schwarz gefleckt und mit dünnen, kurzen Borsten besetzt. Bald wird der Raupe ihre Haut zu eng, sie platzt auf und die Raupe streift sie ab. Das nennt man „häuten". Die Raupe häutet sich 4- bis 5-mal, dann sucht sie sich einen ruhigen Ort, wo sie ihren nächsten Entwicklungs- schritt vollzieht: Sie verpuppt sich. Die Raupe hört jetzt auf zu fressen und bewegt sich nicht mehr. Ihre Speicheldrüsen sondern Seidenfäden ab, die an der Luft hart werden. Mit diesen Fäden spinnt sich die Larve ein und wird zur Puppe. Ihre Seidenhülle heißt „Kokon". Im Kokon ist die Puppe gut geschützt und kann sich in Ruhe weiterentwickeln:

Nach einer oder sogar mehreren Wo- chen platzt die Hülle und heraus schlüpft ein Schmetterling mit noch feuchten, verknautschten Flügeln. Nach wenigen Minuten entfalten sich die Flügel, trocknen, und der junge Schmetterling kann losfliegen!

SCHON GEWUSST?

Gutes Gedächtnis

Schmetterlinge erinnern sich an Erfahrungen, die sie als Raupen gemacht haben. Amerikanische Forscher haben Raupen zwei verschiedenen Düften ausgesetzt, wobei ein Duft mit einem kleinen Stromschlag verbunden war. Als sie das Experiment beim Schmetterling wiederholten, vermied er den Duft mit dem Stromschlag. Erstaunlich: Offenbar erinnerte er sich an die un- angenehme Erfahrung, die er als Raupe gemacht hatte!

Kurzes Schmetterlingsleben

Während seiner Flugzeit von April bis September kannst du den Kohlweißling häufig auf Wiesen, Äckern oder im Garten sehen. Er sitzt gerne auf bunten Blüten oder flattert zwischen Gemüsepflanzen umher. Der Kohlweißling lebt nur etwa 18 Tage lang, deshalb können in einem Sommer mehrere Generationen unterwegs sein – Großeltern, Eltern und Kinder.

Lieblingsblumen der Schmetterlinge

Wenn ihr einen Garten habt, überrede doch deine Eltern, daraus einen Schmetterlingsgarten zu machen. Wie das geht? Ganz einfach: Ihr pflanzt einige Blumen und Pflanzen an, die Schmetterlinge anlocken. Das könnten zum Beispiel Veilchen, Wicken und Fuchsien sein, oder Thymian, Klee, Kresse und sogar Möhren. Bestimmt dauert es nicht lange, bis die ersten Schmetterlinge euren Garten besuchen und ihn lebendiger und farbenfroher machen!

SCHON GEWUSST?

Raupe in der Raupe

Einer der gefährlichsten Feinde des Kohlweißlings ist die Kohlweißlings-Raupenwespe. Diese Wespe sticht in die Raupe des Schmetterlings und legt dabei ihre Eier ab. Die geschlüpften Larven ernähren sich vom Blut und Fett der Raupe, die zuerst noch wächst, dann aber stirbt. Wenn die Wespenlarven ihre Entwicklung abgeschlossen haben, verlassen sie die Raupe.

Achtung Strömung!

Finn's Tipp!

Du möchtest Fische beobachten oder Muscheln entdecken? Suche dir am Bach oder Fluss Wasserstellen aus, an denen die Strömung nicht zu stark ist. Und halte dich im eher flachen Wasser auf – das gilt auch für Seen, Teiche und Weiher.

Lebensraum Wasser

Ob Meer, Fluss, See oder Teich – das Wasser bietet unzähligen Tierarten einen Lebensraum. Die Tiere nutzen das Wasser auf unterschiedliche Art: Fische und Muscheln leben unter Wasser, Wasservögel schwimmen an der Oberfläche von Gewässern, Frösche leben im Wasser und am Ufer. Sie alle sind von der Natur gut auf ihren Lebensraum vorbereitet, zum Beispiel die Fische durch ihre Kiemen, mit denen sie unter Wasser atmen können. Auch bei der Fortpflanzung und Aufzucht ihrer Tierkinder stellen sich Wassertiere auf die Bedingungen im und am Wasser ein: Sie nisten und brüten am Ufer oder legen ihre Eier im Wasser ab, die sich dann alleine weiterentwickeln.

Finn's Tipp!

Geschickt versteckt

Viele kleine Wassertiere verstecken sich unter Steinen. Wenn du die Steine umdrehst, achte darauf, die Tiere nicht zu verletzen. Fange sie mit einem Sieb ein und setze sie in einen Eimer mit Wasser. Dann kannst du sie gut beobachten. Wie schwimmen sie? Mit Flossen? Oder mit anderen Fortsätzen? Denke daran, die Tiere nicht einfach so aus dem Wasser zu holen, denn sonst sind sie nicht mehr lebensfähig.

SCHON GEWUSST?

Wie sauber ist das Wasser?

Je nachdem, welche Tierarten du in einem Gewässer findest, kannst du darauf schließen, wie sauber das Wasser ist.

In **sauberem** Wasser leben: Köcherfliegenlarven (1), Steinfliegenlarven, Flohkrebse (2)
In **verschmutztem** Wasser findest du:
Rattenschwanzlarven, Egel (3),
Schlammröhrenwürmer (4).

Der Schwan

Auf einen Blick

Fortpflanzung: 1-mal im Jahr
Anzahl der Eier: 5-8 Eier
Brutzeit: 36 Tage
Gewicht: bis maximal 15 kg (ausgewachsen)
Nahrung: Wasserpflanzen, Wurzeln, selten kleine Fische, Frösche, Insekten
Typisch: Mit ihrem langen Hals können Schwäne Nahrung sogar vom Boden des Gewässers holen.

An vielen Seen, Teichen und in Parks kannst du die majestätischen weißen Schwäne beobachten. Typisch für diese großen Entenvögel sind ihr S-förmig gebogener Hals und ihr orange-farbener Schnabel mit dem schwarzen Höcker – deshalb nennt man sie auch Höckerschwäne. Beim Schwimmen stellen Schwäne ihre kräftigen Flügel wie Segel auf. An Land bewegen sie sich eher schwerfällig. Immerhin gehören sie zu den schwersten flugfähigen Vögeln.

Treue Partner

Schwäne suchen sich im Alter von zwei bis drei Jahren einen Partner, bei dem sie ihr Leben lang bleiben. Jedes Jahr im Frühling beginnt das Schwanenpaar mit der Brut. Das Männchen sammelt Stöckchen und Schilfhalme für ein Nest an einer trockenen, erhöhten Uferstelle. Sobald das Weibchen seine grau-grünen Eier abgelegt hat, brütet es für 36 Tage – dabei stets gut bewacht vom Männchen. Die Küken schlüpfen in großen Zeitabständen, verlassen schon bald das Nest und ernähren sich selbst. Anfangs machen sie auf dem elterlichen Rücken Ausflüge auf dem Wasser, mit etwa vier Monaten können sie selbst fliegen. Schon im Spätherbst oder Winter vertreibt der Vater die nun ausgewachsenen Jungen aus seinem Revier.

Finn's Tipp!

Aggressive Männchen

Wenn ein Schwanenweibchen seine Eier ausbrütet, sollte man ihm nicht zu nahe kommen. Denn das Männchen verteidigt das Gehege und kann mit seinem kräftigen Schnabel ordentlich zupacken. Lieber etwas Abstand halten und möglichst unbemerkt den brütenden Schwan beobachten.

Grau-braune Jungschwäne

Im ersten Jahr haben die jungen Schwäne grau-braune Federn und einen grauen Schnabel. Später wachsen weiße Federn nach, und die grauen sind nur noch an den Flügeln, am Hals und am Kopf zu sehen.

Mit zwei bis drei Jahren sind die Schwäne geschlechtsreif, dann wechselt auch die Farbe des Schnabels zum typischen Orange-Rot.

SCHON GEWUSST?

Gute Flieger

Schwäne können hervorragend fliegen – sie erreichen Geschwindigkeiten von bis zu 50 Stundenkilometern! Ihre Flügelspannweite kann bis zu zwei Meter betragen. Nur beim Flugstart wirken die schweren Tiere etwas unbeholfen und benötigen eine lange Startbahn.

Finn's Tipp!

Bitte nicht füttern!

Auch wenn es Spaß macht, Schwäne und Enten mit Brotkrümeln zu füttern – für die Tiere ist das nicht gut. Durch das Füttern lösen sich die Schwanfamilien früher auf und die Jungtiere lernen nicht mehr, wie sie in der Natur überleben. Auch ausgewachsene Schwäne verlieren durch übermäßiges Füttern ihre Fähigkeit, selbstständig Nahrung zu finden. Außerdem werden zu viele Schwäne und Enten angelockt, und die nicht gefressenen Brotreste und die Übermengen an Kot verschmutzen das Wasser. Die Folgen für das Gewässer sind Sauerstoffarmut und verstärktes Wachstum von Algen.

Dreiecke im Schnee

Wenn du im Winter riesige dreieckige Spuren im Schnee entdeckst, dann gehören sie bestimmt zu einem Schwan. Seine Spuren sind viel größer als die Tritte anderer Entenvögel.

Der Frosch

Die bekannteste Froschart in Mitteleuropa ist der Laubfrosch. Dieser „Grünrock" ist vor allem an seiner leuchtend grünen Farbe zu erkennen. Doch nicht immer ist dieser kleine Frosch so gefärbt, er kann seine Färbung von hellgrau, gelblich bis dunkelgrün wechseln. Der Laubfrosch lebt im Wasser und an Land. Besonders wohl fühlt er sich auf feuchten Wiesen, in Sümpfen und an Teichen oder Weihern mit Ufergebüsch. Er ist ein geschickter Kletterer.

Auf einen Blick

Fortpflanzung: 1-mal im Jahr
Laichzeit: April bis Juni
Eier pro Laichballen: 150-300 Eier (insgesamt 2.000-10.000 Eier)
Entwicklungszeit: etwa 100 Tage
Größe: 40-50 mm (Kaulquappe), bis zu 5 cm (ausgewachsen)
Nahrung: Algen, später Fliegen, Mücken, Käfer, Raupen
Typisch: Aus Froscheiern schlüpfen nach 8 bis 14 Tagen Kaulquappen, die sich in etwa drei Monaten zu Fröschen entwickeln.

Huckepack zum Laichplatz

Im Frühjahr verlässt der Laubfrosch sein Winterversteck unter Steinen und in Erdhöhlen und begibt sich auf eine oft kilometerlange Wanderschaft. Sein Ziel ist der Teich oder Weiher, in dem er selbst geboren wurde. Dort trifft er auf viele andere Frösche. Durch lautes Quaken versucht er ein Weibchen auf sich aufmerksam zu machen. Das Quaken wird durch eine Schallblase verstärkt, sodass es über mehrere hundert Meter zu hören ist. Sobald sich ein Pärchen gefunden hat, sucht das Weibchen einen geeigneten Platz im Wasser zum „Ablaichen". So nennt man die Eiablage beim Frosch und auch beim Fisch. Das kleinere Männchen klammert sich auf dem Rücken des Weibchens fest und wird von ihm Huckepack ins Wasser getragen. Dort legt das Weibchen winzige Eier, die vom Männchen befruchtet werden.

Eier wie Perlen

Wenn du Froscheier aufspüren willst, musst du nach kleinen, durchsichtigen Perlen mit einem schwarzen Punkt in der Mitte Ausschau halten. Die Eier sind von einer durchsichtigen, geleeartigen Masse umgeben, die sie zusammenhält und dafür sorgt, dass sie nicht austrocknen. Viele Eier bilden zusammen einen Eiklumpen, den „Froschlaich". Aus jedem Ei kann ein kleiner Frosch entstehen.

SCHON GEWUSST?

Die Sonne brütet, nicht die Eltern

Nach der Eiablage kümmern sich die Froscheltern nicht mehr um den Froschlaich. Die Eier schwimmen in größeren Klumpen auf der Wasseroberfläche und werden durch die Sonne ausgebrütet. Praktisch, oder?

Vom Ei zur Kaulquappe

Einige Stunden nach der Eiablage beginnen sich die Eier zu teilen, zuerst einmal, dann noch einmal und dann immer wieder, bis aus jedem Ei viele winzige Eier geworden sind. Nach und nach entwickelt sich in jedem Ei der Körper einer Kaulquappe. Schon bald beginnt sich dieser Keimling zu bewegen, nach etwa zehn Tagen ist er dann schlüpfreif und winzige Kaulquappen verlassen die Eihüllen. Hunderte von ihnen schlüpfen gleichzeitig, aber nur sehr wenige entwickeln sich auch zu Jungfröschen. Die meisten Kaulquappen werden vorher von Enten und anderen Tieren gefressen, sterben durch Pilze oder überleben einen plötzlichen Kälteeinbruch nicht.

SCHON GEWUSST?

Blinde Frischlinge

Frisch ausgeschlüpfte Kaulquappen können weder sehen noch riechen. Doch schon bald bekommen sie Augen und Maul. Das ist wichtig, damit sie leichter Nahrung finden.

Von der Kaulquappe zum Frosch

Aus der Kaulquappe wird allmählich ein Frosch: Über die Kiemen am Kopf wächst eine Hautfalte. Die Beinchen bilden sich aus, zuerst die Hinterbeine, dann kommen die Vorderbeine unter der Hautfalte heraus. Jetzt wachsen auch die ersten Zähnchen, mit denen kleine Wassertiere zerkleinert werden. Die meisten Kaulquappen überleben dieses Stadium nicht, weil sie von Fischen gefressen werden. Das Tierchen sieht jetzt fast wie ein richtiger Frosch aus – allerdings noch mit einem Schwanz zum Schwimmen. Später ist nur noch ein Stummelschwanz übrig, der zuletzt auch abfällt. Insgesamt dauert es etwa 14 Wochen, bis aus der Kaulquappe ein Frosch wird.

Anfangs Kiemen, später Lungen und Hautatmung

Der ausgewachsene Frosch hat keine Kiemen mehr, sondern atmet mit seinen Lungen. Zusätzlich nimmt seine schleimig-feuchte Haut Sauerstoff auf, der durch feine Blutgefäße direkt ins Blut geht. Dafür muss die Froschhaut allerdings immer feucht sein, sonst wird sie hart und kann keine Luft mehr aufnehmen. Deshalb suchen Frösche auch außerhalb des Wassers immer wieder feuchte Stellen auf.

Geschickte Jäger

Laubfrösche
haben lange Hinter-
beine, mit denen sie weit
springen können, um Insekten
zu fangen. Blitzschnell heftet sich
dann ihre klebrige Zunge an die
Beute und befördert sie in das Maul.
Anders funktioniert das Erlegen von
Würmern: Dafür schleicht sich der Frosch
an und stößt dann mit dem ganzen Maul
zu. Manchmal geht das daneben und er
braucht mehrere Versuche, bis er den Wurm
geschnappt hat. An größeren Würmern können
Frösche bis zu einer Viertelstunde „beißen".

Finn's Tipp!

Still wie ein Mäuschen

Frösche sind Bewegungsseher, das heißt, sie sehen nur das, was
sich bewegt. Wenn du also einen Frosch beobachten möchtest,
verhältst du dich am besten mucksmäuschenstill und bewegst
dich nicht. Die beste Zeit dafür ist der Sommer, dann liegen die
vorwiegend nachtaktiven Frösche gerne an Land und genießen
die Wärme.

Lebenswichtiges Wasser

Frösche gehören zu den Amphibien. So heißen Tiere, die zu
Land und im Wasser leben. Frösche sind dafür gut gerüstet:
Sie können sowohl durch ihre Haut als auch durch ihre Lungen
atmen. Deshalb muss ihre Haut immer feucht bleiben, denn
wenn sie austrocknet, stirbt der Frosch. Daher solltest du nie
einen Frosch mitnehmen und ihn von einem Gewässer entfernen.

Die Muschel

Muscheln leben je nach Art in verschiedenen Gewässern – im Salzwasser, also in den Meeren, oder im Süßwasser, zum Beispiel in Flüssen und Bächen. Zu den bekanntesten Salzwassermuscheln gehört die grau-schwarze Miesmuschel, im Süßwasser ist die Bachmuschel weit verbreitet.

Auf einen Blick

Fortpflanzung: 1-mal im Jahr
Entwicklungszeit: etwa 30 Tage
Größe: 6–10 cm (Miesmuschel),
4–11 cm (Bachmuschel)
Nahrung: Mikroorganismen im Wasser
Typisch: Bei allen Muscheln öffnet sich die Schale mithilfe eines elastischen Bandes und wird mit einem Schließmuskel geschlossen gehalten.

Stabiler Anker

Finn's Tipp!

Versuche einmal, eine Muschel von ihrem Untergrund zu lösen. Du wirst feststellen, wie gut ihr „Anker" funktioniert.

Raffinierte Fortpflanzung

Muscheln pflanzen sich zwischen Frühling und Sommer fort. Die weiblichen Muscheln produzieren Eier, die männlichen hingegen Samenzellen, die sie ins Wasser stoßen. Chemische Signale sorgen dafür, dass dieser Ausstoß gleichzeitig passiert. Im Wasser finden Eier und Samenzellen zueinander, es kommt zur Befruchtung. Wenig später schlüpfen aus den befruchteten Eiern winzige Larven. Nach und nach entwickeln sie sich zu Jungmuscheln. Mit etwa vier Wochen wachsen ihre Schalen und sie sinken auf den Grund des Gewässers. Dort bleiben die Jungmuscheln und werfen ähnlich wie ein Schiff eine Art Anker aus. Ihr Anker sind dünne Fäden, die von speziellen Drüsen erzeugt werden. Man nennt sie auch „Bart".

Sauerstoff und Nahrung

Wie Fische atmen auch Muscheln mit Kiemen. Ihre Kiemen hängen
am Körper und sind mit feinen Flimmerhärchen besetzt. Damit holen
sie den Sauerstoff aus dem Wasser. Gleichzeitig durchsuchen die Kiemen das Wasser auf verwertbare Nahrung. Diesen Vorgang nennt man
„Filtrieren". Unverdauliche Stoffe werden ausgeschieden und wieder
ans Wasser abgegeben. So reinigt die Muschel das Wasser und über-
nimmt eine wichtige Rolle zur Sauberhaltung der Gewässer. Durch
diese spezielle Art der Nahrungsaufnahme nehmen Muscheln große
Mengen an Wasser auf. Deshalb sind sie in stark verschmutztem
Wasser gefährdet – das gilt vor allem für Meeresmuscheln in Küsten-
nähe, wenn sich dort Industrieanlagen angesiedelt haben, die ihr
Abwasser ins Meer leiten.

Finn's Tipp!

Bachmuscheln entdecken

Gibt es in deiner Nähe einen Bach oder Fluss? Dort kannst du
auf Muschelsuche gehen – vor allem, wenn das Gewässer ruhig
und wenig stark fließend ist, das mögen Muscheln am liebsten.
Häufig findet man in solchen Gewässern die Bachmuschel. Sie
gräbt sich zwischen Steinen im kiesigen
Bachboden ein. Wenn du genau hin-
schaust, bemerkst du vielleicht eine
kleine Erhebung und entdeckst die
Muschel. Die meiste Zeit ist sie
damit beschäftigt, Wasser aufzu-
nehmen und daraus Sauerstoff
und Nahrung herauszufiltern.

Der Stichling

Auf einen Blick

Fortpflanzung: 1-mal im Jahr
Brutzeit: 5 Tage
Größe: 6-8 cm (Dreistacheliger Stichling)
Nahrung: Bachflohkrebse, Köcher-
fliegenlarven
Typisch: Das Stichlingsmännchen baut
das Nest für die Eier und verteidigt es
heftig gegen andere Männchen.

Stichlinge sind silbrig-glänzende Fische, die in vielen einheimischen Süßgewässern, also Seen, Flüssen und Bächen, leben. Ihren Namen verdanken sie mehreren Stacheln an der Bauchflosse und vor ihrer Rückenflosse. Stichlinge haben keine Schuppen, ihre Haut ist entweder nackt oder mehr oder weniger vollständig mit Knochenplatten bedeckt. Den Winter verbringen Stichlinge gerne in den Brackwassergebieten von Flussmündungen, wo sich das süße Flusswasser mit dem salzigen Meereswasser mischt. Sobald die Tage länger werden und die Wassertemperatur steigt, wandern diese Fische in kleine Bäche und Seen.

Nestbau im Frühling

Im Frühjahr ist Paarungszeit bei den Stichlingen. Das Männchen legt seinen prächtigen Hochzeitsanzug an: Sein Bauch verfärbt sich leuchtend rot, seine Iris wird blau. Jetzt sucht es einen geeigneten Platz, möglichst in geringer Wassertiefe und mit sandigem Untergrund, um dort ein Nest zu bauen. Dafür gräbt es eine Grube, bringt kleine Pflanzenstücke hinein und klebt sie durch ein spezielles Sekret zusammen, das seine Niere ausscheidet. Sobald das Nest fertig ist, geht das Männchen auf Partnersuche.

Zick-Zack-Tanz

Wenn ein Weibchen in seiner Nähe auftaucht, legt sich das Stichlingsmännchen mächtig ins Zeug, es tanzt den sogenannten Zick-Zack-Tanz. Dabei zeigt es dem Weibchen seinen roten Bauch, tanzt vor ihm hin und her und fordert es zur Paarung auf. Ist das Weibchen bereit, dann zeigt es dem Männchen ebenfalls seinen Bauch. Das Männchen bringt es daraufhin zum Nest und massiert mit sanften Stößen den Schwanzansatz des Weibchens, bis es seine Eier ablegt.

Fürsorglicher Vater

Gleich nach der Eiablage verlässt das Stichlingsweibchen das Nest. Nun schlüpft das Männchen hinein und befruchtet die Eier. In der Folgezeit ist das Männchen für die Brutpflege zuständig, das Weibchen kehrt nicht mehr zum

SCHON GEWUSST?

Das Männchen erkennt ein paarungsbereites Weibchen daran, dass dessen Bauch dicker ist als normalerweise.

Nest zurück. Der Stichlingsvater beschützt das Eigelege vor Feinden und entfernt eventuell abgestorbene Eier. Durch das Fächeln mit seiner Brustflosse versorgt er die Eier mit sauerstoffreichem Wasser. Auch wenn die Jungfische geschlüpft sind, kümmert sich das Männchen um sie: Gemeinsam schwimmen sie auf Nahrungssuche umher, bis die Jungfische selbstständig sind und alleine für sich sorgen können.

SCHON GEWUSST?

Ein Vater – viele Mütter

Manchmal kommt es vor, dass während der Zeit der Brutpflege zufällig ein anderes Weibchen mit dickem Bauch am Nest vorbeischwimmt. Dann wiederholt das Männchen seinen Zick-Zack-Tanz und fordert auch dieses Weibchen zur Paarung auf. So kann es dazu kommen, dass in einem Stichlingsnest Eier von verschiedenen Weibchen abgelegt sind.

Finn's Tipp!

Lebendiges Futter

Stichlinge sind auch beliebte Aquarienfische. Wenn du diese Fische im Aquarium halten willst, musst du sie mit lebendem Futter versorgen – denn Trockenfutter fressen sie nicht. Also mach dich mit einem Kescher ausgerüstet auf den Weg zum nächsten Weiher. Dort findest du zum Beispiel winzige Bachflohkrebse und Köcherfliegenlarven (siehe Abb. 37), die Stichlinge gerne mögen. Wenn du einmal keine Zeit hast: Im Zoohandel gibt es auch Gefrierfutter wie Rote Mückenlarven und Tubifex-Würmchen.

Lebensraum Bauernhof

Sicher warst du schon einmal auf einem Bauernhof – mit der Schule, in den Ferien oder einfach so am Wochenende. Dort gibt es viel zu sehen und zu entdecken. Sehr spannend ist es, die verschiedenen Tiere zu beobachten, die auf einem Bauernhof leben. Wie sieht ihr Leben dort aus? Welche Bedingungen finden sie vor? Sind die Schweine in einem engen Stall eingepfercht oder laufen sie munter quiekend im Freien umher? Dürfen die Kühe auf die Weide oder müssen sie sich im Stall langweilen? Laufen die Hühner frei umher oder werden sie in einer für sie unerträglichen Legebatterie gehalten? Da gibt es große Unterschiede von Bauernhof zu Bauernhof. Oft sind es die Bio-Bauern, die sich besonders um artgerechte Haltung ihrer Tiere bemühen. Aber auch viele andere Bauern erkennen, dass ihre Tiere das Recht auf ein glückliches Leben haben.

Tierkinder auf dem Bauernhof

Wie fast überall im Tierreich werden auch auf dem Bauernhof die Tierkinder im Frühjahr geboren. Deshalb ist ein Besuch beim Bauern im späten Frühjahr oder Frühsommer am schönsten, wenn Ferkel, Kälbchen und Fohlen heranwachsen und zunehmend munterer werden.

Das Schwein

Das rosa-farbene Hausschwein, das es auf fast jedem Bauernhof gibt, stammt vom dunkleren Wildschwein ab. Das Hausschwein ist ein kräftiges Säugetier mit kurzen Beinen und Ringelschwanz. Es hat einen großen Kopf mit einem kleinen Rüssel. Seit Tausenden von Jahren halten sich die Menschen Hausschweine als Nutztiere. In unserem Kulturkreis sind Schweine die wichtigsten Fleischlieferanten, während beispielsweise in islamischen Ländern kein Schweinefleisch gegessen wird.

Auf einen Blick

Fortpflanzung: 2-mal im Jahr
Tragezeit: 114 Tage
Junge pro Wurf: 6–12 Ferkel
Gewicht: ca. 1,5 kg (bei der Geburt), 180–250 kg (ausgewachsen)
Nahrung: Schweine sind Allesfresser. Sie fressen Gras, Kräuter, Rüben, Kartoffeln, Getreide, Insekten und Würmer
Typisch: Junge Schweine oder Ferkel wachsen sehr schnell, bereits mit etwa acht Monaten wiegt ein Ferkel ca. 100 kg.

Fürsorgliche Muttersau

Schweine sind sehr fruchtbare Tiere: Ein weibliches Hausschwein ist mit etwa neun Monaten ausgewachsen und kann sich zweimal im Jahr fortpflanzen. Nach knapp vier Monaten bringt es bis zu 12 Ferkel auf die Welt. Leider werden die meisten Schweine bei uns in engen Ställen und nicht im Freiland gehalten, wo sie ausreichend Auslauf hätten. Das Leben im Stall wirkt sich auch auf die Aufzucht der Jungen aus: Im Freiland baut das weibliche Schwein vor der Geburt ein Nest für die Ferkel – im Stall kann es das nicht und wird deshalb ziemlich unruhig. Sobald die Ferkel geboren sind, bewacht und beschützt die Muttersau die Jungen. Dabei stößt sie laute Warnlaute aus und macht Drohgebärden, um mögliche Feinde abzuschrecken.

Feste Rangordnung

Hausschweine sind sehr soziale Tiere, ihr Zusammenleben folgt bestimmten Regeln. Das gilt auch für neugeborene Ferkel, die zusammen einen sogenannten Wurf bilden. Schon wenige Tage nach der Geburt bildet sich unter den Jungen eine feste Rangordnung aus. Die kräftigsten Ferkel schnappen sich die vorderen Zitzen der Muttersau, wo sie bequem trinken können. Die schwächeren Geschwister müssen sich hinten anstellen und dort trinken. Erstaunlicherweise halten sich alle Ferkel eines Wurfes daran und säugen nur noch von „ihrer" Zitze.

SCHON GEWUSST?

Sau, Eber und Ferkel

Das Weibchen beim Hausschwein nennt man Sau, das Männchen Eber und die Jungen heißen Ferkel. Beim Wildschwein heißen sie Bache, Keiler und Frischlinge.

Finn's Tipp!

Viel los im Schweinestall

Wenn du neugeborene Ferkel siehst, die miteinander raufen und kämpfen, dann geht es vielleicht gerade um den besten Platz beim Säugen. Sobald die Rangordnung steht, gehen die Ferkel zum Spielprogramm über: Sie rennen hin und her oder im Kreis herum, hüpfen in die Höhe oder schlagen Haken. Offenbar macht ihnen das jede Menge Spaß!

Muntere Ferkel

Nach etwa zehn Tagen verlässt die Muttersau mit ihren Ferkeln zum ersten Mal das Nest und zeigt ihnen die nähere Umgebung. Auch das kann sie natürlich nur im Freiland machen – im Stall ist sie auf engem Raum mit den Ferkeln eingesperrt. Die Ferkel sind neugierig und munter, sie schnuppern hier und da. Bald lernen sie mit ihrem Rüssel im Boden zu wühlen und dort nach Nahrung zu suchen.

Empfindliche Nase

Die Schnauze ist beim Hausschwein zu einer Art Rüssel umgebildet. Der Rüssel trägt die sehr empfindliche Wühlscheibe, mit der das Schwein seine Nahrung im Boden riecht und dann ausgräbt. Schweine haben nämlich einen ausgezeichneten Geruchssinn, der ihnen bei der Nahrungssuche gute Dienste leistet: Besonders gerne fressen sie übrigens Süßes, während sie saure Früchte oder Salziges lieber stehen lassen. Auch das Gehör der Schweine ist gut ausgeprägt, dafür sehen sie eher schlecht.

SCHON GEWUSST?

Trüffelschweine

Weil Schweine so gut riechen können, lässt man sie unter der Erde nach Trüffeln suchen. Diese kostbare Pilzart ist eine ausgesprochene Delikatesse und bei Feinschmeckern sehr begehrt – auch bei den Schweinen selbst!

Reinliche Tiere

Hausschweine sind sehr saubere Tiere – auch wenn viele Menschen das Gegenteil glauben. Sie wälzen sich zwar gerne im Schlamm und Matsch, tun das aber, um sich zu reinigen und abzukühlen. Schweine können nämlich nicht schwitzen und leiden daher bei großer Wärme schnell unter einem Hitzestau. Und dagegen hilft das Bad im Wasser oder Schlamm ganz ausgezeichnet. Außerdem werden dabei so lästige Plagegeister wie Fliegen oder Insekten entfernt. Nach dem Schlamm-bad reibt sich das Schwein an einem Baum oder Pfahl, um den getrockneten Schlamm zu entfernen.

> **SCHON GEWUSST?**
>
> Hausschweine liefern uns Fleisch, doch nicht nur das: Aus der Schweinehaut wird Leder hergestellt und aus den Borsten werden Pinsel und Bürsten gemacht.

Fleisch vom Bio-Bauern

Auch du kannst etwas dafür tun, dass möglichst viele Hausschweine ein glückliches Leben im Freiland führen können, statt im engen Stall eingepfercht zu werden: Frage deine Eltern, wo ihr Fleisch von Bio-Bauern kaufen könnt, die die Schweine artgerecht halten.

Das Rind

Seit Tausenden von Jahren halten die Menschen Rinder als Nutztiere: Sie helfen ihnen bei der Arbeit auf dem Feld, ziehen schwere Lasten und liefern wertvolle Milch und natürlich Fleisch. Weltweit wurden bis heute etwa 500 verschiedene Rinder-Rassen gezüchtet. Ihr Fell kann braun, schwarz, schwarz-weiß, braun-weiß, hell- oder dunkelbraun sein. Die meisten Rinder sind Milch- und Fleischkühe.

Auf einen Blick

Fortpflanzung: 1-mal im Jahr
Tragezeit: 280 Tage
Junge pro Wurf: 1–2 Kälber
Gewicht: ca. 50 kg (bei der Geburt), über 600 kg (ausgewachsen)
Nahrung: Muttermilch, später Gras, Heu, Kraftfutter
Typisch: Die meisten Kälbchen werden in der Nacht geboren.

Brünstige Kuh

Wenn ein weibliches Rind bereit zur Paarung ist, ist es „brünstig". Das passiert einmal in drei Wochen und dauert etwa 18 Stunden. Damit das Männchen diesen Zeitpunkt nicht verpasst, stößt das Weib-

chen besondere Schreie aus. Auch für den Bauern ist das ein nützliches Zeichen, weil er dann beide Tiere zusammenbringen kann. Das ist für ihn wichtig, weil eine Kuh nur nach der Geburt eines Kälbchens Milch gibt, und zwar ziemlich genau ein Jahr lang.

SCHON GEWUSST?

Färse oder Kuh?

Ein junges weibliches Rind nennt man Färse; sobald es ein Kalb geboren hat, heißt es Kuh. Ein männliches Rind ist ein Stier oder Bulle. Ein kastrierter Stier, bei dem die männlichen Geschlechts-organe entfernt wurden, heißt Ochse. Ochsen sind besonders friedlich, fressen viel und werden schnell groß.

Ab in den Kuhstall

Gibt es in deiner Nähe einen Bauernhof? Vielleicht darfst du im Kuhstall beim Füttern mithelfen. Frag doch einfach einmal! Rinder sind sogenannte Wiederkäuer, sie fressen sehr viel auf einmal. Später, wenn sie sich ausruhen, wird das Futter wieder hochgewürgt und nochmals gekaut. Rinder haben übrigens vier Mägen: Pansen, Netzmagen, Blättermagen und Labmagen. Das Futter geht also durch einen langen Verdauungsprozess.

Ein Kälbchen wird geboren

Kurz vor der Geburt zieht sich die Kuh an einen ruhigen Ort zurück, wo sie das Kälbchen zur Welt bringt. Als Erstes kommen die Hinterbeine, dann folgen Kopf und der restliche Körper. In den ersten zwei Tagen gibt die Kuh eine rötliche, klebrige Milch, die viele Vitamine und Nährstoffe enthält und das Neugeborene vor Krankheiten schützt. Danach trinkt es die „normale" Milch. Häufig bekommen Kälbchen schon nach ein paar Tagen eine Ersatz-Milch aus Milchpulver, damit die Kuh wieder gemolken werden kann.

Nützliche Kuhfladen

Vielleicht bist du bei einem Spaziergang über eine Wiese auch schon einmal in einen großen, braunen Kuhfladen getreten. Ein Rind produziert bis zu zehn Stück am Tag. Ein Kuhfladen zieht zahlreiche Fliegen und Käfer an. Das kannst du gut beobachten. Kuhfladen sind nicht nur für Insekten nützlich, sie werden auch als natürlicher Dünger für Felder und Wiesen verwendet und man kann daraus sogar Biogas herstellen.

Das Pferd

Vor etwa 5000 Jahren begannen die Menschen damit, Pferde als Arbeitstiere zu züchten. Im Laufe der Zeit entwickelten sich weltweit über 200 Pferde-Rassen. Sie unterscheiden sich durch Größe, Gewicht, Temperament und Charakter. Deshalb hat man alle Rassen in vier Gruppen eingeteilt: lebhafte, schnelle Vollblüter, vielseitige Warmblüter, kräftige, ruhige Kaltblüter und robuste Ponys und Kleinpferde.

Auf einen Blick

Fortpflanzung: 1-mal im Jahr
Tragezeit: etwa 336 Tage
Junge pro Wurf: 1 Fohlen, selten Zwillinge
Gewicht: 30–60 kg (bei der Geburt), 190 kg (Shetlandpony), über 1.000 kg (Shire-Horse)
Nahrung: Muttermilch, später Gräser, Kräuter, Halme
Typisch: Bereits kurz nach der Geburt kann ein Fohlen alleine stehen und beginnt zu laufen.

Eine Stute wird „rossig"

Die Stute ist mit etwa zwei Jahren geschlechtsreif. Ab diesem Zeitpunkt ist sie alle drei bis vier Wochen für ein paar Tage fruchtbar und paarungsbereit. Man sagt dazu, sie ist „rossig". Der Hengst bemerkt das an ihrem speziellen Geruch. Wird die Stute in dieser Zeit von einem Hengst gedeckt, kann sie trächtig werden und nach etwa 11 Monaten ein Fohlen zur Welt bringen. In dieser Zeit beschützt der zukünftige Vater die Stute besonders gut.

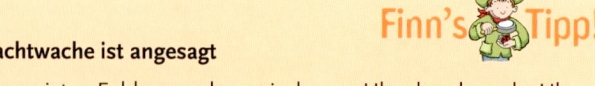

Finn's Tipp!

Nachtwache ist angesagt

Die meisten Fohlen werden zwischen 21 Uhr abends und 3 Uhr morgens geboren. Falls du das Glück hast, eine trächtige Stute kurz vor der Geburt zu erleben, heißt es also Nachtwache schieben, wenn du bei der Fohlengeburt mit dabei sein willst!

Die ersten Stunden im Leben eines Fohlens

Nach rund 336 Tagen, also nach erst 11 Monaten, ist es soweit: Die Stute bringt ihr Fohlen zur Welt. Zuerst sind die Hinterbeine zu sehen, dann folgen Kopf und der restliche Körper. Das Neugeborene ist nass und blutig und wird von der Mutter liebevoll trocken geleckt. Damit nimmt sie seinen Geruch auf, an dem sie es immer wieder erkennt. Wenig später versucht das neugeborene Fohlen sich aufzurichten und auf seinen langen, dünnen Beinen zu stehen. Sobald ihm das gelingt, sucht es nach den Zitzen der Mutter und trinkt die erste Milch.

> **SCHON GEWUSST?**
>
> **Kolostrum – die erste Milch**
>
> Die erste Milch, die das Fohlen trinkt, heißt „Kolostrum". Sie ist besonders nährstoffreich und schützt es vor Krankheiten.

Finn's Tipp!

Viel Schlaf

Fohlen verbringen die ersten Tage überwiegend schlafend, denn sie benötigen wie alle Jungtiere sehr viel Schlaf. Wenn du ein schlafendes Fohlen beobachtest, wird es häufig in seiner Lieblingsstellung liegen: auf der Seite und alle viere von sich gestreckt.

Das Fohlen wächst heran

Meist schon am Tag nach der Geburt werden Stute und Fohlen für kurze Zeit auf die Koppel gebracht. Das Fohlen läuft zwar noch etwas wackelig, wird aber zunehmend munterer und aktiver. Nach und nach darf es immer länger im Freien bleiben. Bald fängt es an, mit anderen Fohlen und Jungpferden zu spielen. Auch an den Umgang mit Menschen gewöhnt es sich. Nach ein paar Wochen frisst das Fohlen zusätzlich zur Muttermilch Gräser und Kräuter. Mit etwa sechs Monaten ist ein Fohlen schon ziemlich selbstständig und kann von der Mutter getrennt werden. Weil Fohlen so früh eigenständig werden, nennt man sie „Nestflüchter".

SCHON GEWUSST?

Saugfohlen

Ein Fohlen, das von seiner Mutter gesäugt wird, nennt man Saugfohlen. In freier Natur trinkt ein Fohlen etwa sechs Monate lang Muttermilch, in Zuchtbetrieben wird es oft früher entwöhnt.

Finn's Tipp!

Mikroorganismen im Kot

Vielleicht hast du schon einmal gesehen, dass ein nur wenige Tage altes Fohlen den Kot seiner Mutter gefressen hat. Warum tut es das? Der Kot der Mutter enthält Mikroorganismen, die wichtig für das Funktionieren seines Darms sind und vom Fohlen auf diese Weise aufgenommen werden.

Keinen „Pferdekuss" riskieren

Finn's Tipp!

Wenn du auf ein Pferd zugehst, bewege dich ruhig und sprich freundlich mit ihm. Und denke daran: Nähere dich nie von hinten, weil das Pferd dich dann nicht sehen kann, es möglicherweise erschrickt und nach dir tritt. „Pferdekuss" nennt man übrigens einen kräftigen Stoß oder Tritt gegen den Oberschenkel, zum Beispiel beim Fußball.

Vom Fohlen zum Jährling

Mit seinem ersten Geburtstag wird aus dem Fohlen ein „Jährling". In diesem Alter kannst du gut die Unterschiede zwischen jungen Stuten und Hengsten beobachten: Jungstuten spielen gerne miteinander und laufen gemeinsam über die Koppel. Wilder geht es bei Junghengsten zu: Sie raufen gerne, stellen sich auf die Hinterbeine und beißen einander spielerisch.

SCHON GEWUSST?

Wie alt werden Pferde?

Richtig ausgewachsen ist ein Pferd mit vier oder fünf Jahren. Pferde können 25 bis 30 Jahre alt werden, Ponys sogar bis 35 Jahre.

Das Huhn

Hühner werden weltweit als Haus- und Nutztiere gehalten. Ihr gemeinsamer Vorfahr ist das Bankivahuhn, ein Wildhuhn aus Südostasien, das noch heute wild in Indien lebt. Vor rund 4000 Jahren fingen die Menschen an, Haushühner zu züchten. Ihr Ziel war es, die Zahl der Eier zu erhöhen, die ein Huhn im Jahr legt. Heute gibt es Hunderte von Hühner-Rassen, und es werden immer noch neue gezüchtet, welche besonders viele Eier legen oder viel Fleisch ansetzen.

Auf einen Blick

Fortpflanzung: 6–12-mal im Jahr (Bankivahuhn), 250–300-mal im Jahr (Legehenne)
Brutzeit: 21 Tage
Gewicht: 45 g (Geburt), ca. 2 kg (Henne), bis 6 kg (Hahn)
Nahrung: Gras, Kräuter, Löwenzahn, Körner, Würmer, Insekten
Typisch: Küken sind Nestflüchter, sie können gleich nach der Geburt sehen, laufen, picken, scharren und trinken.

Hahn und Henne

Der Hahn ist viel größer als die Henne und hat ein farbenprächtiges Gefieder mit langen Schmuckfedern. Auf dem Kopf trägt er einen roten Kamm und an der Unterseite rote Kehlklappen. Die Henne sieht unauffälliger aus: Kamm und Kehlklappen sind kleiner, sie hat keine Schmuckfedern. Beiden gemeinsam ist der gedrungene Körper mit dem befiederten Schwanz, der gestreckte Hals und der kleine Kopf. Die Hühnerbeine entsprechen den Hinterbeinen bei vierfüßigen Tieren, die Vorderbeine sind zu kurzen Flügeln zurückgebildet, was das Fliegen fast unmöglich macht.

SCHON GEWUSST?

Gaack, Gaack, Kikeriki!

Wenn der Hahn sich mit seinem lauten „Kikeriki" zu Wort meldet, möchte er zeigen, dass er der Herr im Hühnerhof ist. Hennen zeigen dagegen durch aufgeregtes Gackern, dass sie Futter gefunden haben. Forscher haben herausgefunden, dass Hennen je nach Art des Futters bis zu 20 verschiedene Gackertöne beherrschen! Sogar Küken können durch sieben verschiedene Pieplaute ihrer Mutter Empfindungen wie Hunger, Wohlbehagen, Schmerz und Furcht mitteilen.

„Treten" – die Paarung beim Huhn

Vor der Paarung scharrt der Hahn mit den Füßen und verkündet mit
Lockrufen, dass in der Nähe eine Futterstelle ist. Wenn sich eine Henne
nähert, spreizt er die Flügel und stolziert mit gesenktem Kopf um sie
herum. Das nennt man „Balz". Wenn die Henne paarungsbereit ist,
duckt sie sich, der Hahn steigt auf ihren Rücken und hält sich mit dem
Schnabel im Nackengefieder fest. Es kommt nun zur Befruchtung. Die
Paarung bei Hühnern nennt man „Treten".

Vom Ei zum Küken

Haushühner legen im Jahr bis zu 300 Eier. Man muss ihnen ihre Eier
dann aber schnell wegnehmen, da sie diese sonst ausbrüten würden.
Wenn ein Ei ausgebrütet wird, wächst darin ein Küken heran – das
dauert normalerweise 21 Tage. Etwa am 19. Tag beginnt sich das Küken
im Ei zu drehen. Es fängt an, die Kalkschale des Eis anzuritzen. Dafür
hat es einen besonderen Eizahn auf seinem Schnabel. Am 21. Tag
schlüpft das Küken: Es ist nass, klebrig und völlig erschöpft. Denn
bis die Schale ganz aufgebrochen ist, musste es zwischen fünf und
12 Stunden arbeiten!

Wie frisch ist das Ei?

Du möchtest wissen, ob ein rohes Ei noch frisch ist? Fülle eine
Schüssel mit Wasser, lege das Ei hinein und warte ab. Ist das Ei
frisch, sinkt es auf den Boden. Schwimmt es im Wasser, ist es
schon älter. Bleibt das Ei an der Oberfläche, dann könnte es
sogar schon verdorben sein. Warum ist das so? Je älter das Ei
ist, desto größer ist seine Luftkammer, die dafür sorgt, dass es
nach oben steigt.

Wo ist meine Mama?

Das frisch geschlüpfte, noch nasse Küken reibt sich am Gefieder der Mutter trocken. Dadurch fallen die Hülsen ab, in denen seine Federn bisher steckten, und die Federn können sich entfalten. So wird aus dem verklebten Vögelchen ein flauschiges Küken. In den ersten Stunden nach dem Schlüpfen nimmt das Küken das Bild und die Rufe der Mutterhenne auf. Man sagt dazu, es wird auf die Mutter „geprägt". Das winzige Küken lässt die Mutter nicht aus den Augen, folgt ihr überallhin und rennt auf jedes Zeichen und jeden Ruf sofort herbei.

Finn's Tipp!

Küken „weinen"

Wenn ein Küken seine Mutter nicht mehr findet, dann stößt es jämmerliche Klagetöne aus, es „weint". Sobald du das hörst, nimm das Küken vorsichtig in deine Hand und bringe es zur Mutterhenne.

SCHON GEWUSST?

Steine und Sand statt Zähnen

Hühner haben wie alle Vögel weder Zähne noch Speichel. Ihr Futter schlucken sie im Ganzen. Die Zunge drückt es durch den Schlund in den „Kropf". Dort wird das Futter gesammelt und aufgeweicht, zerkleinert wird es erst im Magen. Dafür sorgen der Sand und die Steinchen, die das Huhn beim Fressen mit aufnimmt. Sie ersetzen ihm sozusagen die Zähne.

Freiland- und Auslaufhaltung

Auf manchen Bauernhöfen siehst du freilaufende Hühner mit meist
einem Hahn. Sie haben einen geräumigen Auslauf, in dem sie nach
Körnern, Insekten und Würmern scharren können. Nachts ziehen sie
sich auf ihre Sitzstangen im Hühnerstall zurück. Ihre Eier legen sie in
Legenester aus Stroh. Diese Art der Haltung ist für die Tiere ideal, weil
sie ihren natürlichen Lebensbedingungen ähnelt. Doch leider werden
die meisten Hühner noch immer in sogenannten Legebatterien gehalten.
Dort werden sehr viele Tiere in Käfigen auf engstem Raum zusammen-
gepfercht, sie haben keine Bewegung und werden von einer Maschine
gefüttert.

Finn's Tipp!

Augen auf beim Eierkauf!

Zum Glück begreifen immer mehr Menschen, dass Hühner ein
Recht auf artgerechte Haltung haben. Deshalb kaufen sie Eier von
Hühnern, die in Freiland- oder Auslaufhaltung leben. Wenn du
das nächste Mal Eier kaufst, schau dir die Schachteln gut an:
Dort steht nämlich, aus welcher Art
von Haltung die Eier stammen.

Lebensraum Garten

Wenn ihr einen Garten habt, dann kannst du rund ums Jahr verschiedene Tiere beobachten, die sich dort aufhalten: Im Winter kommen Meisen und andere Vögel, die nicht in den Süden gezogen sind, ans Futterhäuschen und picken nach Körnern. Im Frühjahr kehren auch die Zugvögel wieder zurück in ihre Nistgebiete. Jetzt bauen alle Vögel in Büschen, Bäumen oder Nistkästen ihre Nester. Wenig später brüten sie ihre Eier aus und bald kannst du frisch geschlüpfte Vogelkinder beobachten. Auch andere Tierkinder kommen dann zur Welt und lassen sich manchmal im Garten entdecken, zum Beispiel junge Igel. Vielleicht spürst du auch die Larven oder Puppen eines Marienkäfers auf? Im Sommer siehst du farbenfrohe Schmetterlinge von Blüte zu Blüte flattern. Wenn es allmählich kühler wird und die Tage kürzer werden, kehrt nach und nach Ruhe im Garten ein. Viele Tiere ziehen sich zur Winterruhe oder in den Winterschlaf zurück oder verlassen unsere Regionen.

SCHON GEWUSST?

Nützlinge und Schädlinge

Über manche Gartentiere freut sich jeder Gärtner, weil sie gut für seine Erde sind. Das gilt zum Beispiel für Regenwürmer und Ameisen, die das Erdreich auflockern und verbessern. Andere Gartentiere richten eher Schaden an, zum Beispiel die Schnecken, die gerne junges Gemüse, Blütenknospen oder Obst anknabbern.

Der Igel

Der Igel ist eines der ältesten Säugetiere der Erde. Seine Vorfahren lebten schon vor etwa 65 Millionen Jahren, sein jetziges Aussehen hat das Stacheltier seit etwa 15 Millionen Jahren. Durch seine Stacheln unterscheidet sich der Igel von allen anderen bei uns lebenden Säugetieren. Igel sind dämmerungs- und nachtaktive Tiere.

Auf einen Blick

Fortpflanzung: 1-mal im Jahr
Tragezeit: 35 Tage
Junge pro Wurf: 4-5 Jungtiere
Gewicht: 12-25 g (bei der Geburt), 800-1500 g (ausgewachsen)
Nahrung: Muttermilch, später Käfer, Würmer, Larven und andere Insekten
Typisch: Bei Gefahr rollt sich der Igel mithilfe eines Ringmuskels ein und richtet seine Stacheln auf.

Igelkarussell

Die Paarungszeit der Igel liegt zwischen Mai und Ende August. In dieser Zeit umkreist das paarungsbereite Igelmännchen die Igelin oft mehrere Stunden lang. Tierforscher nennen dieses Verhalten „Igelkarussell". Anfangs boxt das Weibchen den Igel noch mit aufgestellten Stirnstacheln weg, irgendwann gibt es jedoch nach und ist zur Paarung bereit. Dafür legt die Igelin ihre Stacheln an, das Männchen besteigt sie und es kommt zur Paarung. Danach trennen sich die beiden wieder, das Igelmännchen kümmert sich nie um seinen Nachwuchs.

Blind und taub

Igelsäuglinge kommen mit geschlossenen Ohren und Augen zur Welt und sind völlig hilflos. Erst mit etwa zwei Wochen können sie sehen und hören. Wenig später wachsen ihnen die ersten Zähnchen. Die Igelin säugt ihre Jungen etwa 42 Tage lang, aber immer nur tagsüber, denn nachts geht sie auf Nahrungssuche. Nach etwa 25 Tagen verlassen die kleinen Igel zum ersten Mal das Nest und unternehmen kleinere Ausflüge in die Umgebung. Dabei sind sie auf sich alleine gestellt. Die Mutter begleitet sie weder, noch bringt sie ihnen bei, Würmer, Käfer und andere Insekten zu fangen. Mit sechs Wochen sind die Jungen selbstständig und fangen an, eigene Wege zu gehen.

SCHON GEWUSST?

Stachelige Säuglinge

Igelbabys kommen mit etwa 100 Stacheln zur Welt. Sie sind in die mit Körperflüssigkeit aufgequollene Rückenhaut eingebettet, damit sie die Igelin bei der Geburt nicht verletzen. Wenige Stunden nach der Geburt spitzen die weißen und zunächst noch weichen Erstlingsstacheln dann aus der Haut hervor.

Winterschlaf

Weil Igel in der kalten Jahreszeit wenig Nahrung finden, halten sie für fünf bis sechs Monate Winterschlaf. Die Stacheltiere fressen sich bis zum Herbst ein dickes Fettpolster an, das ihnen als Energiespeicher dient. Ihr Körper begibt sich in einen Ruhezustand, Herz und Atmung arbeiten viel langsamer. Außerdem nimmt die Körpertemperatur um mehrere Grad ab, bleibt aber immer höher als die Umgebungstemperatur. Zuerst gehen die Männchen in Winterschlaf, die Weibchen folgen später, wenn sie sich von der Aufzucht der Jungen erholt haben.

SCHON GEWUSST?

Schlank im Schlaf

Während des Winterschlafs nimmt ein Igel erheblich an Gewicht ab: Er verliert zwischen 20 und 40 Prozent.

SCHON GEWUSST?

Winterschlaf oder Winterruhe?

Igel sind die einzigen Insektenfresser, die Winterschlaf halten. Alle anderen halten Winterruhe, eine Art lang andauernder Tiefschlaf, bei dem der Körper anders als beim Winterschlaf relativ normal arbeitet.

Finn's Tipp!

Igelnest selbst bauen

Igel benutzen mehrere Nester: Tagsüber ruhen sie oft in einfachen Laubhaufen oder im hohen Gras. Das Nest, in dem die Igelin ihre Jungen aufzieht, ist stabiler gebaut: aus Laub und kleinen Ästen. Sein Nest für den Winterschlaf legt der Igel am liebsten zwischen mehreren Ästen an, etwa in einer Hecke. Du kannst einem Igel leicht ein einfaches Nest bauen, zum Beispiel durch gestapelte Holzscheite oder Steine, zwischen denen du einen Hohlraum lässt.

Finn's Tipp!

Spuren eines Igels

Wenn du im Garten oder auf der Terrasse
trockene, schwarze Kotwürste entdeckst,
stammen sie vermutlich von einem Igel.
Sein Kot enthält oft unverdauliche
Reste von Insekten wie Flügeldecken,
Panzerstücke, Haare oder Federn.

Bitte nicht stören!

Wenn du im Garten ein Igelnest entdeckst, in dem eine Igelin
ihre Jungen aufzieht, dann störe sie nicht. Sonst gerät die Igelin
in Stress und verlässt ihre Jungen oder tötet sie sogar. Beobachtest du ein Igeljunges, das in der Nähe des Nests herumkrabbelt,
dann lass es auch in Ruhe. Vermutlich ist die Mutter gerade auf
Nahrungssuche und kommt bald wieder zurück.

Die Meise

Meisen zählen zu den bekanntesten einheimischen Vogelarten, besonders häufig ist die Blaumeise. Sie lebt in Gärten und Parks, bevorzugt in Hecken und lichten Laubbäumen. Du erkennst diesen Singvogel an seiner blauen Kopfplatte, auch Federn und Schwanz sind blau. Am Bauch ist das Gefieder gelb, am Rücken eher grünlich. Weibchen und Männchen unterscheiden sich nicht. Blaumeisen bleiben auch im Winter bei uns, sie sind Standvögel, keine Zugvögel.

Auf einen Blick

Fortpflanzung: 1-mal im Jahr (selten 2-mal)
Zahl der Eier: 8–12 Eier; manchmal bis zu 19 Eier
Brutzeit: ca. 14 Tage
Gewicht: ca. 10 g (ausgewachsen)
Nahrung: Insekten, Larven, Knospen, Beeren
Typisch: Blaumeisen turnen oft kopfüber an dünnen Zweigen herum.

Liebevolle Eltern

Im zeitigen Frühling hörst du das Blaumeisenmännchen pfeifen und singen, um sein Revier abzustecken. Wenig später beginnt das Weibchen, Grashalme, Moos und weiche Federn für sein Nest zu sammeln. Es sucht sich eine Höhle und polstert sie schön weich aus. Dort legt es seine Eier hinein und brütet sie. So bleiben sie warm und sind vor Feinden geschützt. Das Männchen versorgt das Weibchen in dieser Zeit mit Futter. Nach etwa zwei Wochen ist zartes Piepen aus den cremefarbenen und rostrot gesprenkelten Eiern zu hören, auf das die Mutter ebenfalls mit Piepen antwortet. Wenig später picken die Küken die Eischalen von innen auf und schlüpfen heraus. Die Küken sind nackt, mit geschlossenen Augen, aber weit aufgerissenen gelben Schnäbeln. Vater und Mutter fliegen sofort los, um Futter zu holen.

Eier auf Vorrat

Blaumeisen sind die Spitzenreiter im Eier legen: Mit 8 bis 12 Eiern legen sie von allen einheimischen Singvögeln die meisten Eier. Weil nicht alle Jungvögel überleben, sorgen sie durch die hohe Anzahl an Eiern für sicheren Nachwuchs.

Nistkasten im Garten

Blaumeisen brüten am liebsten in Baumhöhlen, aber auch in fertigen Nistkästen. Hänge doch einen solchen Nistkasten im Garten auf, vielleicht wird er angenommen. Manchmal suchen sich Blaumeisen auch ungewöhnliche Orte zum Brüten, zum Beispiel einen nicht mehr benutzten Briefkasten.

Muntere Meisenküken

Nach einer Woche wachsen den Küken Federkiele an den Flügeln, aus denen jeden Tag neue Federn herauskommen. Die Küken sind munter und turnen im Nest herum. Die Eltern schleppen Mücken und Raupen heran, um ihre hungrigen Mäuler zu stopfen. Nach etwa drei Wochen tragen die Küken ein flauschiges Federkleid und sehen wie richtige kleine Blaumeisen aus. Jetzt wagen sie sich bis zum Eingang der Höhle, die sie mit etwa vier Wochen zum ersten Mal verlassen. Anfangs werden sie noch gefüttert, lernen aber auch, selbst Insekten und Spinnen zu fangen. Sechs Wochen nach dem Schlüpfen sind die Jungmeisen „flügge": Sie können fliegen und sich selbst versorgen.

Der Marienkäfer

Der Marienkäfer

Die meisten Menschen freuen sich, wenn sie auf einem Blatt oder einer Blüte einen kleinen roten Marienkäfer mit schwarzen Punkten entdecken. Denn die hübschen Käfer gelten als Glücksbringer und sind deshalb sehr beliebt. Vermutlich hat das etwas mit der Anzahl ihrer Punkte zu tun: Der bei uns einheimische Marienkäfer hat sieben Punkte und die Zahl Sieben wurde schon immer als Glückszahl angesehen.

Auf einen Blick

Fortpflanzung: 1- bis 2-mal im Jahr
Zahl der Eier: bis zu 400
Schlüpfzeit: etwa 7 Tage
Größe: 1,3 mm (Ei), 6–8 mm (ausgewachsen)
Nahrung: Blattläuse, Schildläuse
Typisch: Bei Gefahr geben Marienkäfer eine übel riechende und bitter schmeckende Flüssigkeit ab.

Weit verbreitet

Hättest du gedacht, dass es weltweit etwa 4.000 verschiedene Marienkäferarten gibt? In Europa kommen allerdings nur etwa 100 Arten vor. Sie unterscheiden sich durch ihre Farbe - es gibt gelbe, rote und schwarze Marienkäfer - und durch die Anzahl der jeweils andersfarbigen Punkte. Der bei uns häufigste Marienkäfer ist der Siebenpunkt-Marienkäfer. Sein Körper ist rot mit schwarzen Punkten. Kopf, Halsschild und Beine sind schwarz. Dieser Marienkäfer ist fast überall zu finden: auf Wiesen und am Waldrand, in Parks und Gärten.

■ SCHON GEWUSST?

Anzahl der Punkte

Viele Menschen glauben, dass die Zahl der Punkte eines Marienkäfers sein Lebensalter anzeigt. Doch das stimmt nicht: Die Zahl hängt vielmehr von der Marienkäferart ab. Unser roter Marienkäfer hat immer sieben Punkte, andere Arten haben nur zwei oder sogar 22 Punkte! Übrigens: Marienkäfer werden im Durchschnitt drei Jahre alt.

Vom Ei zur Puppe

Im Frühjahr legen die Marienkäferweibchen bis zu 400 winzige Eier auf der Unterseite von Blättern ab, einzeln oder in größeren Klumpen. Sie suchen Blätter in der Nähe von Blattlauskolonien aus, damit die Larven später genug zu fressen finden. Nach einer Woche schlüpfen die jungen Larven. Als Erstes machen sie sich über ihre Eierschalen her, dann geht es an die Blattläuse. Die Larven fressen den ganzen Tag und wachsen schnell. Irgendwann wird ihre Haut zu eng und sie streifen sie ab. Das passiert 3- bis 4-mal. Danach suchen sich die Larven einen geschützten Ort, um sich zu verpuppen. Ihre Haut platzt auf, darunter schlüpft die gelbe Puppe heraus. Nach und nach ändert sie ihre Farbe in Orange mit schwarzen Flecken.

Frisch geschlüpfter Käfer

Der Marienkäfer, der wenig später aus der Puppe schlüpft, ist zuerst eher gelblich, seine Punkte sind kaum zu erkennen. Erst nach ein paar Stunden, wenn seine Flügel getrocknet sind, entwickelt er seine rote Farbe und die schwarzen Punkte. Die Entwicklung vom Ei zum fertigen Käfer dauert ein bis zwei Monate.

Besser als Chemie: Marienkäfer

Wenn du auf einer Pflanze schädliche Blattläuse entdeckst, brauchst du keine chemischen Mittel, um die lästigen Tierchen loszuwerden, denn sie sind die Lieblingsspeise von Marienkäfern. Sobald es dir gelingt, einen dieser kleinen Käfer aufzulesen und auf die befallene Pflanze zu setzen, haben die Schädlinge keine Chance mehr. Ein ausgewachsener Marienkäfer vertilgt am Tag bis zu 90 Blattläuse!

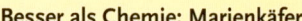

SCHON GEWUSST?

Haut- und Deckflügel

Marienkäfer haben insgesamt vier Flügel: zwei harte Deckflügel und zwei dünne Hautflügel. Die Hautflügel braucht der Käfer zum Fliegen. Wenn er gerade nicht fliegt, werden sie von den harten Deckflügeln zugedeckt und geschützt.

Rettung für den Käfer

Manchmal verirren sich Marienkäfer auch in Häuser und Wohnungen und krabbeln auf dem Fensterbrett oder am Boden umher. Nimm dann einfach ein Blatt Papier, lasse den Käfer darauf krabbeln und trage ihn vorsichtig wieder hinaus in die Natur. Du kannst ihn auf eine Wiese, ein Blatt oder eine Blume setzen.

Lasst mich in Ruhe!

Marienkäfer haben nur wenige Feinde und werden nur selten gefressen. Dafür sorgen sie durch verschiedene Tricks: Bei Gefahr lassen sich die Käfer fallen und stellen sich tot. Versucht dann zum Beispiel eine Spinne, den „toten" Käfer zu fressen, sondert er blitzschnell eine unangenehme gelbliche Flüssigkeit ab. Beißt die Spinne trotzdem zu, wird es ihr vermutlich nicht schmecken: Marienkäfer schmecken ausgesprochen bitter und gar nicht lecker!

SCHON GEWUSST?

Behagliches Winterquartier

Sobald es im Herbst kalt und ungemütlich wird, zieht sich der Marienkäfer in sein Winterquartier zurück, in einen Haufen mit Laub oder ins Moos. Dort versteckt er sich bis zum Frühling.

Der Regenwurm

Regenwürmer leben in der Erde und graben dort unterirdische Gänge und Höhlen. Auf den ersten Blick kann man bei diesen Ringelwürmern ohne Beine nicht erkennen, wo vorne und hinten ist. Regenwürmer gehören zu den „wirbellosen" Tieren: So nennt man Tiere, die kein Skelett haben. Der Körper eines Regenwurms besteht aus zahlreichen Körperringen oder Abschnitten, mit einer winzigen Mundöffnung an einer Seite. Regenwürmer kriechen, indem sie ihren Körper wellenförmig bewegen.

SCHON GEWUSST?

Ganz schön alt!

Regenwürmer können drei bis acht Jahre alt werden.

Fortpflanzung beim Regenwurm

Regenwürmer sind sogenannte Zwitter, das heißt, sie besitzen sowohl männliche Geschlechtsorgane (Hoden) als auch weibliche (Eierstöcke). Eigentlich könnten sie sich selbst befruchten. Doch tatsächlich tun sie das nur selten. Normalerweise suchen sie sich einen Partner, mit dem sie sich paaren. Bei der Paarung, die unter der Erde stattfindet, legen sich die beiden Regenwürmer in entgegengesetzter Richtung mit ihrem Bauch aneinander. Durch das Ausscheiden von klebrigem Schleim und durch ihre Klammerborsten am Körper halten sich die Würmer aneinander fest. Beide Partner tauschen ihre Samenzellen aus, das kann mehrere Stunden dauern. Die Befruchtung der Eizellen mit dem fremden Sperma passiert erst mehrere Tage später im Körperinneren.

Vom Kokon zum Jungregenwurm

Nach der Befruchtung bilden sich im Körper des Regenwurms mehrere Kokons, in denen sich jeweils eine befruchtete Eizelle und Nährflüssigkeit befindet. Diese Kokons legt der Regenwurm in den oberen Bodenschichten ab. Größe, Form und Farbe des Kokons sind je nach Regenwurmart unterschiedlich. Allen gemeinsam ist, dass der Kokon im Laufe der Entwicklung durchsichtiger wird, sodass man den sich darin entwickelnden Wurm erkennen kann. Wie lange die Entwicklung zum fertigen Jungwurm dauert, hängt von der Art und der Temperatur der Erde ab. Die frisch geschlüpften Regenwürmer sind deutlich kleiner als ausgewachsene Würmer und werden mit ein bis zwei Jahren geschlechtsreif.

Finn's Tipp!

Regenwürmer beobachten

Wenn es stark geregnet hat, kannst du Regenwürmer besonders gut beobachten. Dann kommen sie nämlich rasch aus ihren unterirdischen Gängen an die Erdoberfläche und krabbeln dort umher. Regenwürmer atmen durch die Haut und würden unter der nassen Erde vermutlich zu wenig Sauerstoff bekommen. Diesem Verhalten verdanken die Würmer auch ihren Namen – zumindest auf Deutsch. Auf Englisch heißen sie „Earthworm", also „Erdwurm", was sich auf ihren Lebensraum unter der Erde bezieht.

Nützliche Regenwürmer

Wer einen Garten hat, freut sich meist über Regenwürmer. Auch Bio-Bauern schätzen die kleinen Tiere sehr. Denn Regenwürmer sind gleich mehrfach nützlich: Durch ihre unermüdliche unterirdische Arbeit lockern sie die Erde auf, tiefere Bodenschichten werden nach oben gebracht und vermischen sich mit der Erde dort. Dadurch wird das Erdreich besser durchlüftet und Regenwasser kann auch in tiefere Erdschichten eindringen. Lockerer und fruchtbarer Humus entsteht.

Regenwürmer fressen abgestorbene Pflanzenteile und ihr Kot dient wiederum den Pflanzen als Dünger.

SCHON GEWUSST?

Viel los unter der Erde

Kannst du dir vorstellen, dass unter einem Quadratmeter Wiese zwischen 100 und 400 Regenwürmer leben? Dort fressen sie Gänge und Röhren in die Erde, deren Wände sie mit ihrem Kot stabil machen.

Regenwurmglas basteln

Wenn du Regenwürmer über einen längeren Zeitraum beobachten möchtest, bastle dir ein Regenwurmglas. Nimm ein Einmachglas und fülle es mit verschiedenen Bodenschichten, die du im Garten oder aus einer Wiese ausgegraben hast. Nach einem starken Regen fängst du ein paar Regenwürmer und setzt sie in dein Glas. Je mehr Würmer darin sind, desto schneller wirst du Veränderungen feststellen. Wichtig: Das Glas muss an einem schattigen Ort stehen und die Erde muss immer leicht feucht sein. Und vergiss nicht, die Regenwürmer mit Gartenabfällen oder Kompost zu füttern. Lege diese Leckereien oben auf die Erde – wenig später wirst du die hungrigen Regenwürmer nach oben kommen sehen.

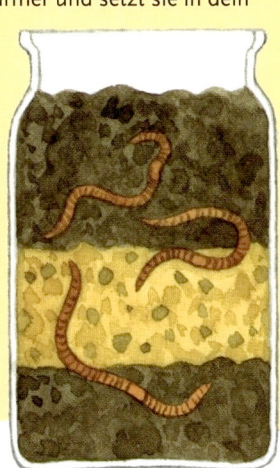

SCHON GEWUSST?

Winterstarre

Die kalten Wintermonate verbringen die meisten Regenwürmer in einer Art Kältestarre unter der Erde, in 40 bis 80 cm Tiefe. Nur in Gegenden mit besonders mildem Klima bleiben die Würmer auch im Winter unter der Erde aktiv. Manchmal kann man sogar unter einer geschlossenen Schneedecke, die den Boden vor dem Gefrieren schützt, Regenwürmer beobachten.

Lebensraum Haus und Wohnung

Sehr viele Menschen halten sich Haustiere wie Hunde oder Katzen. Hast du auch ein Haustier? Vielleicht einen Hamster oder ein Meerschweinchen? Dann weißt du, wieviel Spaß es macht, mit einem Haustier zu leben und es Tag für Tag zu beobachten. Jedes Haustier ist ein Lebewesen mit besonderen Bedürfnissen und Ansprüchen, die man als Halter möglichst gut kennen sollte. Deshalb ist es wichtig, sich vor der Anschaffung eines Haustieres ausreichend zu informieren, im Zoofachhandel oder durch Bücher. Denn nicht jedes Haustier passt in jedes Haus. Eine Familie mit Kindern, die in einem Haus mit Garten lebt, kann sich vielleicht einen Hund zulegen – wenn sie genügend Zeit hat, ihn mehrmals am Tag auszuführen. Wer tagsüber nicht zu Hause ist, sollte keine Wohnungskatze halten. Wer aber trotzdem gerne eine Katze möchte, sollte besser zwei zusammen halten. So können sie sich gegenseitig beschäftigen und fühlen sich nicht einsam. Einen Hamster, der erst am Abend munter wird, stellt man am besten nicht ins Kinderzimmer. Wer sich für das richtige Haustier entschieden hat, wird viel Freude daran haben.

Finn's Tipp!

Hunde ausführen

Wenn du gerne einen Hund hättest, deine Eltern das aber nicht wollen oder können, kannst du vielleicht Hunde in deiner Nähe ausführen. Frage doch einmal im Freundes- und Bekanntenkreis nach, vielleicht freut sich eine ältere Dame, wenn du gelegentlich mit ihrem Hund spazieren gehst. Auch die Betreiber von Tierheimen freuen sich, wenn du Lust hast, einen der vierbeinigen Bewohner auszuführen. Frag einfach mal nach!

Pflegetiere in der Ferienzeit

Viele Menschen wissen nicht wohin mit ihren Haustieren, wenn sie in Urlaub fahren. Biete im Bekannten- und Freundeskreis an, Haustiere wie Hamster oder Meerschweinchen in Pflege zu nehmen oder ihre Katzen vor Ort zu füttern. Auch hier gilt: Vorher deine Eltern fragen!

Der Hund

Seit vielen tausend Jahren ist der Hund ein treuer und zuverlässiger Begleiter des Menschen. Ursprünglich stammt er vom Wolf ab. Im Laufe der Zeit wurden viele verschiedene Hunde-Rassen gezüchtet, die sich in Größe, Farbe und Charakter unterscheiden. Wölfe und wilde Hunde leben in einer Gemeinschaft, dem „Rudel". Das stärkste männliche Tier führt das Rudel an und heißt deshalb „Leitwolf" oder „Leithund". Auch in Gemeinschaft mit Menschen sucht jeder Hund seinen Leithund, dem er sich unterordnen kann – in diesem Fall seinem Herrchen oder Frauchen. Hunde, die in einer Familie leben, gehorchen normalerweise allen Familienmitgliedern.

Auf einen Blick

Deutscher Schäferhund
Fortpflanzung: 2-mal im Jahr
Tragezeit: etwa 63 Tage
Junge pro Wurf: 5-8 Welpen
Gewicht: 45-500 g (bei der Geburt), 22-40 kg (ausgewachsen)
Nahrung: Muttermilch, später Hundeflocken, Hundefutter mit Fleisch, Gemüse, Reis etc.
Typisch: Der Deutsche Schäferhund ist die weltweit beliebteste Hunde-Rasse. Ursprünglich war er ein Hirtenhund, heute ist er ein idealer Polizei- und Fährtenhund, Blinden- und Rettungshund.

Welpen brauchen ihre Mutter

Alle Hundewelpen kommen blind und taub zur Welt. Erst nach ungefähr ein bis drei Wochen öffnen sich ihre Augen und Ohren. Ohne ihre Mutter hätten sie keine Chance zu überleben. Die Hündin wärmt die Neugeborenen und säugt sie. Gleich nach der Geburt suchen die Welpen nach den Zitzen der Mutter. Ihre erste Milch, „Kolostrum" genannt, ist besonders nährstoffreich und schützt die Neugeborenen vor Krankheiten. Ab dem zweiten Tag gibt die Mutter nicht mehr diese Vormilch, sondern normale Milch ab. In den ersten drei bis vier Lebenswochen trinken Welpen mindestens vier- bis sechsmal am Tag.

Allmähliches Zufüttern

Ungefähr ab der vierten Lebenswoche werden Welpen allmählich an halbfeste Nahrung gewöhnt. Dafür weicht man spezielle Welpennahrung in Wasser auf und verrührt sie zu einem dicken Brei. Damit füttert man die Welpen mindestens dreimal am Tag. Etwa ab der sechsten Lebenswoche dürfen Welpen Trockenfutter bekommen, und mit etwa acht Wochen sind sie vollständig von der Muttermilch entwöhnt.

SCHON GEWUSST?

Welpen werden schnell größer

Welpen wachsen in ihren ersten sechs Lebensmonaten am schnellsten. Aus diesem Grund sollten sie in dieser Zeit besonders viele Nährstoffe durch ihr Futter aufnehmen. Dann können sie gut wachsen und sich entwickeln.

Finn's Tipp!

Frühes Säugen ist wichtig

Die schützenden Inhaltsstoffe der ersten Muttermilch kann der Welpe nur in den ersten 24 Lebensstunden über den Darm aufnehmen. Deshalb ist es sehr wichtig, dass der Welpe sobald wie möglich nach der Geburt bei seiner Mutter trinkt.

SCHON GEWUSST?

Hunde sind Raubtiere

Wie ihre Verwandten, die Wölfe, sind Hunde Raubtiere und Fleischfresser. Wild lebend gehen sie gemeinsam auf die Jagd nach kleineren Beutetieren. Hunde, die als Haustiere gehalten werden, werden mit fertigem Hundefutter gefüttert, meist eine Mischung aus Fleisch, Gemüse und Getreide.

Mit Hunden spielen

Wenn du einen Hund gut kennst, kannst du mit ihm spielen. Er freut sich, wenn du ihm einen Ball zuwirfst, den er aufnehmen darf. Oder wirf einen Stock weit weg und er soll ihn dir zurückbringen. Beliebt ist auch das "Hinterherjagen": Behalte dafür den Stock in der Hand und laufe mit ihm davon. Der Hund verfolgt dich und nimmt dir beim Laufen den Stock ab. Du kannst den Stock auch vorher fallen lassen, wenn dir das lieber ist. Auch „Tauziehen" mit der Hundeleine macht den meisten Hunden Spaß.

SCHON GEWUSST?

Kleinster und größter Hund

Der kleinste Hund ist der niedliche Chihuahua: Seine Schulterhöhe beträgt zwischen 15 und 23 Zentimetern und er wiegt zwischen 1,5 und 3 Kilogramm. Dagegen ist die Dogge ein richtiger Riese: Sie zählt mit einer Schulterhöhe zwischen 72 und 80 Zentimetern und einem Gewicht zwischen 50 und 80 Kilogramm zu den größten Hunden.

Finn's Tipp!

Hundesprache

Einen Hund zu verstehen, ist gar nicht schwer. Denn er zeigt dir mit seinem Körper, wie er sich gerade fühlt. So bedeutet:

Mit dem Schwanz wedeln: „Ich fühle mich wohl, ich freue mich!"
Schwanz zeigt steil nach oben: „Ich bin aufmerksam und gespannt!"
Schwanz ist waagerecht: „Ich bin zufrieden."
Schwanz ist zwischen den Beinen eingezogen: „Etwas macht mir Angst!"
Ohren sind angelegt: „Lass mich in Ruhe!"
Zähne werden gezeigt: „Jetzt bin ich wirklich wütend!"
Hund legt sich auf den Rücken: „Ich ergebe mich!"

Die Katze

Auf einen Blick

Fortpflanzung: 2- bis 3-mal im Jahr
Tragezeit: etwa 65 Tage
Junge pro Wurf: 1–6 Kätzchen
Gewicht: 80–120 g (bei der Geburt),
4–10 kg (ausgewachsen)
Nahrung: Muttermilch, später Mäuse,
Vögel und Katzenfutter
Typisch: Katzen sind Jäger und können
hervorragend springen.

Auf der ganzen Welt werden Katzen als Haustiere gehalten. Anders als Hunde ordnen sie sich ihrem Besitzer aber nicht unter, sondern behalten ihren eigenen Willen. Gerade das ist es jedoch, was die meisten Katzenliebhaber an diesen Tieren so fasziniert. Dafür nehmen sie auch in Kauf, dass man eine Katze nur begrenzt erziehen kann. Die meisten Hauskatzen sind europäische Kurzhaarkatzen, außerdem gibt es Rassekatzen wie die Perserkatze oder die Siamkatze.

Kätzchen kommen zur Welt

Wenn eine Hauskatze kurz vor der Geburt steht, sollte man ihr ein passendes Lager vorbereiten, in das sie sich zurückziehen kann. Am besten einen geschützten Ort, einen Korb oder eine Schachtel, die man mit einer Decke oder mit Zeitungen auslegt. Normalerweise braucht eine Katze keine Hilfe bei der Geburt. Die neugeborenen Kätzchen sind 10 bis 15 Zentimeter groß und wiegen zwischen 80 und 120 Gramm. Sie kommen nackt und blind zur Welt und sind auf die Fürsorge der Mutter angewiesen. Die Katzenmutter weiß instinktiv, was ihre Jungen nach der Geburt brauchen. Sie leckt sie trocken und regt dabei ihre Durchblutung an. Sofort danach säugt sie ihre Jungen und versorgt sie dadurch mit wichtigen Nährstoffen.

SCHON GEWUSST?

Umzug nach der Geburt

Manchmal trägt die Katzenmutter ihre Jungen nach der Geburt an einen anderen Ort. Das ist ein Überbleibsel aus ihrer Vergangenheit als Wildkatze: Die Jungen sollen durch den Ortswechsel vor Feinden und Nesträubern geschützt werden.

Munter und neugierig durch die Welt

Nach ungefähr zehn Tagen öffnen sich die Augen der Kätzchen und sie beginnen ihre Umwelt bewusst wahrzunehmen. Mit etwa vier Wochen fressen sie zum ersten Mal feste Nahrung. In diesem Alter fangen die neugierigen Kätzchen an, ihre Umgebung zu erkunden. Mit der Mutter oder den Geschwistern unternehmen sie erste Streifzüge und lernen alles, was sie später brauchen. Oder sie spielen und toben mit ihren Geschwistern, wobei sie nicht immer sanft miteinander umgehen. Danach sind Ausruhen und Schlafen angesagt, am liebsten gemütlich eingerollt. Innerhalb von acht bis zehn Wochen werden aus hilflosen Neugeborenen muntere und selbstständige Kätzchen.

SCHON GEWUSST?

Schluss mit Muttermilch

Wenn die Kätzchen ungefähr 12 Wochen alt sind, kommt irgendwann der Tag, an dem die Mutter sie nicht mehr säugen will. Alle Versuche der Jungen, doch noch an die Zitzen zu kommen, wehrt sie mit Tatzenhieben ab. Jetzt müssen die Kätzchen mit dem Futter im Fressnapf vorliebnehmen oder selbst auf die Jagd gehen.

Abends werden Katzen munter

Die überwiegende Zeit des Tages schlafen und dösen Katzen. Gegen Abend werden sie aktiv und möchten spielen oder draußen umherstreunen und auf die Jagd gehen. Damit sie auch in der Dunkelheit gut sehen können, weiten sich ihre Pupillen stark und nehmen dadurch ein Maximum an Licht auf. Wenn es wieder heller wird, werden die Pupillen immer schmaler, bis sie wie zwei Schlitze aussehen.

tagsüber

nachts

SCHON GEWUSST?

Eine oder zwei Katzen?

Katzen sind von Natur aus Einzelgänger, die ihr Revier gegen andere Katzen verteidigen. Bei Katzen, die nur in der Wohnung gehalten werden, ist das ein wenig anders: Sie freuen sich meist über die Gesellschaft einer zweiten Katze. Denn nicht immer haben ihre Besitzer so viel Zeit zum Spielen wie die Katze es gerne möchte …

Ein Kätzchen kommt ins Haus

Die meisten Hauskätzchen werden im Alter von etwa 12 Wochen von der Mutter getrennt und an ihre neuen Besitzer abgegeben. Vorher bringt man sie zum Tierarzt, bei dem sie geimpft werden.

Vorsicht, wütende Katze!

Wenn sich eine Katze bedroht fühlt, macht sie einen „Katzenbuckel",
bei dem sich ihr Rücken nach oben wölbt. Der Schwanz ist zum größten Teil geknickt, die Ohren sind seitwärts angelegt, die Pupillen erwei-
tert. In dieser Haltung wartet die Katze ab, bis sie sich für Angriff oder
Flucht entscheidet. Dabei kann sie fauchen oder spucken. Wenn die
Katze richtig wütend ist und zum Angriff übergehen will, schlägt ihr
Schwanz wild hin und her, die Ohren werden nach oben gestellt und
dann seitlich nach hinten gedreht. Zusätzlich zeigt die Katze durch lautes Knurren, dass sie bereit für den Angriff ist. Jetzt ist Vorsicht geboten!

Entspanntes Schnurren

Ganz andere Signale sendet eine Katze
aus, wenn sie gestreichelt wird und
entspannt an ihrem Lieblingsplatz
liegt: Dann schnurrt sie vor Wonne –
ein Geräusch, das übrigens nur Katzen
beherrschen.

Der Hamster

Die niedlichen Goldhamster sind beliebte Haustiere und werden in vielen Familien gehalten. Ursprünglich lebten Hamster in der Wüste, wo sie zur Futtersuche oft weite Strecken zurücklegen mussten. Dieser Bewegungsdrang ist den Tieren erhalten geblieben. Deshalb brauchen alle Hamster viel Auslauf und einen möglichst großen Stall oder Käfig.

Auf einen Blick

Fortpflanzung: bis zu 10-mal im Jahr
Tragezeit: 20 Tage
Junge pro Wurf: 4–10 Jungtiere
Gewicht: 3 g (bei der Geburt), 85–180 g (ausgewachsen)
Nahrung: Muttermilch, später Getreide, Kerne, Nüsse, rohes Obst und Gemüse, kleine Mengen an Fleisch und Fisch
Typisch: Hamster sind nachtaktive Tiere und werden erst am Abend so richtig munter.

Ein Hamsterwurf

Hamsterjunge werden meist nachts geboren und kommen blind und taub zur Welt. Nach der Geburt des ersten Jungen beißt die Mutter die Nabelschnur durch und leckt das Neugeborene ab. Dadurch säubert sie es und regt seine Durchblutung an. Danach frisst sie die Nachgeburt und bringt das nächste Junge zur Welt. Ein Wurf besteht aus vier bis zehn Hamsterkindern, je jünger die Mutter ist, desto weniger Junge bekommt sie.

SCHON GEWUSST?

Natürliche Auswahl

Wenn ein Hamsterjunges nach der Geburt nicht einen bestimmten, kleinen Schrei ausstößt, hält die Mutter das Junge für tot und frisst es mit der Nabelschnur auf. Dieses auf den ersten Blick grausame Verhalten der Mutter stellt sicher, dass nur die gesunden Tierkinder überleben.

Aufzucht der Hamsterjungen

Die winzigen und nackten Hamsterjungen hängen die ersten Tage ständig an den Zitzen der Hamstermutter, um zu trinken. Etwa am fünften Tag beginnen die Jungen damit, auch andere Nahrung zu fressen, die ihnen von der Mutter gebracht wird. Nach der Geburt ist die Haut der Hamsterkinder unbehaart und rötlich, doch schon am nächsten Tag stellt ihr Körper Pigmente her, welche die Haut dunkler werden lassen. Etwa ab dem fünften Tag fängt das Fell an zu wachsen. Ihre Augen öffnen die Hamsterjungen erst ab der zweiten Lebenswoche.

Jetzt lernen sie auch von ihrer Mutter, wie sie ihre Backentaschen füllen und leeren können oder andere typische Verhaltensweisen. Ungefähr mit einem Monat können die Jungtiere von der Mutter getrennt werden und in einen eigenen Käfig umziehen.

SCHON GEWUSST?

Früh geschlechtsreif

Hamster sind schon im Alter von etwa sechs bis acht Wochen geschlechtsreif und können sich fortpflanzen. Das ist sehr früh verglichen mit den meisten anderen Säugetieren.

Die Schildkröte

Die meisten Schildkröten, die bei uns als Haustiere gehalten werden, sind Griechische Landschildkröten. Sie kommen ursprünglich aus dem Mittelmeerraum, sind dort aber mittlerweile selten geworden. Wie alle Schildkröten tragen sie einen harten Panzer auf dem Rücken, der gelb bis olivgrün gefärbt und gefleckt ist. Griechische Landschildkröten können sehr alt werden, häufig über 50 Jahre und in seltenen Fällen sogar bis zu 100 Jahre.

Auf einen Blick

Fortpflanzung: 2–3mal im Jahr
Brutdauer: etwa 90 Tage
Eier pro Gelege: 3–6 Eier
Gewicht: 16 g (Ei), 650–3000 g (ausgewachsen)
Nahrung: Wildpflanzen, grüne Salate, Gemüse
Typisch: Schildkröten sind Reptilien und können ihre Körperwärme nicht selbst erzeugen, sondern brauchen dafür Sonnenenergie.

Grobes Männchen

Schildkrötenmännchen gehen nicht gerade zärtlich mit dem Weibchen um, das sie sich zur Paarung ausgesucht haben. Sie verfolgen es ständig, stoßen gegen seinen Panzer und beißen es in die Hinterbeine, um es am Davonlaufen zu hindern. Sobald das Weibchen stehen bleibt, wird es in Vorderbeine und Kopf gebissen. Dadurch zieht es die Beine ein und der Hinterleib tritt stärker hervor. Dann läuft das Männchen wieder nach hinten und steigt zur Paarung auf das Weibchen.

Nestsuche und Eiablage

Bevor das Weibchen seine Eier ablegt, sucht es nach einem geeigneten, möglichst sonnigen Platz für seine Eier. Einmal gefunden, behält es diesen Platz dann für mehrere Jahre. Das Weibchen gräbt mit den Hinterbeinen eine Grube, in der es seine Eier ablegt. Fast immer passiert das am späten Vormittag oder Mittag. Nach der Eiablage, die etwa 1,5 Stunden dauert, schaufelt das Weibchen die Grube wieder sorgfältig zu und kümmert sich nicht mehr darum.

Keine Brutpflege und Aufzucht durch die Mutter

Das Ausbrüten der Eier überlässt das Schildkrötenweibchen der Sonne. Nach ungefähr zwei Monaten schlüpft aus jedem Ei eine fertige kleine Schildkröte, die sofort laufen und sich selbst versorgen kann. Und das ist auch gut so, weil die Tierkinder ohne elterliche Aufzucht heranwachsen und gleich ihre eigenen Wege gehen müssen.

Finn's Tipp!

Viel Platz

Wer sich für eine Schildkröte als Haustier entscheidet, braucht viel Platz – am besten einen Garten mit einem großen Freilaufgehege. Schildkröten lieben es, sich bei Hitze in einem Unterschlupf zu verstecken oder sich in der Erde zu vergraben.

Aas: tote Tiere, die von anderen Tieren, zum Beispiel Füchsen, gefressen werden

Amphibien: Tiere, die sowohl im Wasser als auch zu Land leben. Das Wort „Amphibien" kommt aus dem Griechischen und bedeutet „zweifaches Leben". Beispiele für Amphibien sind Frösche und Feuersalamander

Äsen: Jägersprache für das Fressen beim Wild (außer Schwarz- und Raubwild), insbesondere bei Rehen und beim Dam- und Rothirsch

Balz: Fortpflanzungsverhalten vor allem bei Vögeln und Fischen, bei dem das Männchen um das Weibchen wirbt. Dabei macht es bestimmte festgelegte Bewegungen, um das Weibchen anzulocken

Brackwasser: Mischung aus süßem Flusswasser und salzigem Meerwasser. Es entsteht dort, wo Flussmündungen mit den Gezeiten der Meere (Ebbe und Flut) zusammentreffen. Durch den Gezeitenwechsel verändert sich der Salzgehalt des Wassers ständig

decken: Paarung bei Haus-, Nutz- und Zootieren

Federkiel: der mittlere Teil einer Vogelfeder. Der obere Teil des Federkiels heißt Federschaft, der untere Spindel oder Spule

Feinstaub: Staub ist ein natürlicher Bestandteil unserer Luft. Man unterscheidet zwischen sichtbarem Grobstaub und Feinstaub, der für unser Auge nicht sichtbar ist. Feinstaub wird über große Entfernungen transportiert, und das Einatmen kann unsere Gesundheit beeinträchtigen

Flanke: die hintere Seite des Pferdekörpers

Fleischfresser: Tiere, die sich überwiegend von Fleisch ernähren

flügge: junge Vögel, die nach dem Schlüpfen fliegen gelernt haben, sind flügge

Gewölle: unverdauliche Nahrungsreste wie Knochen und Federn, die von Eulen und Greifvögeln wieder ausgewürgt werden

Humus: abgestorbene Pflanzenteilchen wie Blätter sowie winzige tote Tiere bilden zusammen den Humus im Boden. Humus ist wichtig für die Versorgung der Pflanzen mit Nährstoffen

Iris: der farbig gefärbte vordere Teil des Auges, auch Regenbogenhaut genannt

Jährling: junges Pferd im ersten Lebensjahr

Kokon: Gehäuse, das die Raupen der Schmetterlinge und die Larven anderer Insekten anfertigen, um sich darin zu verpuppen

Kot: meist feste Ausscheidung des Darms

Kropf: sackartiger Bereich hinter der Speiseröhre. Da Vögel keine Zähne haben, gelangt die Nahrung als Ganzes oder in groben Stücken in den Kropf, wo sie vorverdaut wird

Laich: Eier von Tieren (wie zum Beispiel von Fischen oder Fröschen), die im Wasser abgelegt werden

Larven: Entwicklungsform von Jungtieren bei manchen Tierarten. Larven sind z. B. die Raupen beim Schmetterling und die Kaulquappen beim Frosch

Legebatterie: eine fensterlose Anlage mit sehr vielen Käfigen, in denen Hühner gehalten werden

Mikroorganismus: winzig kleine Lebewesen, die mit bloßem Auge nicht zu erkennen und nur mit dem Mikroskop zu sehen sind. Beispiele sind Bakterien und Pilze

nachtaktiv: Tiere, die überwiegend in der Dämmerung und nachts auf die Jagd gehen und tagsüber meist schlafen

Nestflüchter: Tierkinder, die früh selbstständig werden und ohne die Hilfe ihrer Eltern zurechtkommen

Nesthocker: Tierkinder, die nach der Geburt oder nach dem Schlüpfen längere Zeit von den Eltern im Nest gehütet und gefüttert werden

Nestschmarotzer: Ausdruck für ein Tier, beispielsweise für den Kuckuck, der seine Eier in fremde Nester legt und seine Jungen von anderen Eltern großziehen lässt

Pflanzenfresser: Tiere, die sich überwiegend von pflanzlicher Nahrung ernähren

Prägung: wichtige Erfahrungen, die ein Jungtier beim Heranwachsen macht. Diese Erfahrungen werden gespeichert und lösen ab diesem Zeitpunkt ein bestimmtes, immer gleiches Verhalten aus

Puppe: Entwicklungsstadium von Insekten mit vollkommener Verwandlung. Aus der Puppe schlüpft das fertige Insekt

Reptilien: Wirbeltiere mit einer Haut, die

von verhornten Schuppen oder Hornschilden bedeckt ist. Ihre Körpertemperatur hängt von der Umgebungstemperatur ab. Beispiele für Reptilien sind Schlangen und Schildkröten

Säugetiere: höchst entwickelte Klasse der Wirbeltiere. Die Jungen werden von der Mutter mit Milch gesäugt. Bis auf wenige Ausnahmen (z. B. Schnabeltier) bringen Säugetiere ihre Jungen lebend zur Welt. Beispiele für Säugetiere sind Hunde, Katzen, Schweine und Pferde

Sekret: körpereigene Flüssigkeit, die über Drüsen abgegeben wird

Sperma: Samenflüssigkeit männlicher Tiere und Menschen

Standvogel: Vögel, die das ganze Jahr über in der gleichen Gegend leben. Beispiele für Standvögel sind viele Meisenarten, Amseln und Finken

trächtig: weibliche Säugetiere sind trächtig, wenn deren Jungen in der Gebärmutter heranwachsen und lebendig geboren werden

Ultraschallwellen: Schall (Töne) mit bestimmten Frequenzen, die manche Tiere, etwa die Fledermaus, hören, wir Menschen dagegen nicht

wirbellose Tiere: alle Tiere, die kein Skelett und keine Knochen haben. Beispiele für wirbellose Tiere sind Würmer und Muscheln

Wirbeltiere: alle Tiere, die ein Skelett und Knochen haben. Alle Säugetiere, zum Beispiel Füchse und Rehe, und somit auch wir Menschen sind Wirbeltiere

Wochenstuben: geschützter Ort, in dem mehrere Fledermausweibchen ihre Jungen zur Welt bringen und gemeinsam aufziehen

Wurf: die Jungtiere eines Säugetieres, die gleichzeitig geboren werden

Zitzen: Milchdrüsen bei den weiblichen Säugetieren. Hier nehmen Tierkinder übers Säugen wichtige Nährstoffe von ihrer Mutter auf

Zugvogel: Vögel, die den Winter in wärmeren Regionen, z.B. Afrika, verbringen, und im Frühjahr wieder zu uns kommen. Zugvögel legen auf ihrer Reise mehrere tausend Kilometer zurück

Zwitter: Tier, das sowohl männliche als auch weibliche Geschlechtsorgane hat und sich selbst befruchten könnte. Ein Beispiel für ein solches Zwittertier ist der Regenwurm

Wie heißt es richtig?

Finn's Tipp!

	Weiblich	Männlich	Jungtier
Fuchs	Fähe	Rüde	Welpen
Hase	Häsin, Setzhase	Rammler	Häschen
Huhn	Henne	Hahn	Küken
Hund	Hündin	Rüde	Welpen
Katze	Kätzin	Kater	Kätzchen
Pferd	Stute	Hengst	Fohlen
Reh	Ricke	Rehbock	Kitz
Rind	Färse, Kuh	Stier, Bulle kastriert: Ochse	Kalb
Schwein	Sau	Eber	Ferkel
Wildschwein	Bache	Keiler	Frischling

Ab nach draußen!

Mit den spannenden Expedition Natur Büchern in den praktischen Outdoor-Schutzhüllen wirst du zum richtigen Naturforscher!

Bärbel Oftring
Heimische Vögel beobachten
€ 7,95 (D), € 8,20 (A)

ISBN 978-3-89777-467-4

Bärbel Oftring
Tierspuren & Fährten
€ 7,95 (D), € 8,20 (A)

ISBN 978-3-89777-371-4

Fernglas
€ 14,95*

Artikel-Nr.: 9654

Forscherlupe
€ 2,50*

Artikel-Nr.: 8024

*unverbindliche Preisempfehlung